야곱의 기도

야곱의 기도

지은이 | 이경용
초판 발행 | 2024. 7. 24
등록번호 | 제1988-000080호
등록된 곳 | 서울특별시 용산구 서빙고로65길 38
발행처 | 사단법인 두란노서원
영업부 | 2078-3333   FAX | 080-749-3705
출판부 | 2078-3331

책 값은 뒤표지에 있습니다.
ISBN 978-89-531-4886-4   03230

독자의 의견을 기다립니다.
tpress@duranno.com   http://www.duranno.com

두란노서원은 바울 사도가 3차 전도여행 때 에베소에서 성령 받은 제자들을 따로 세워 하나님의 말씀으로 양육하
던 장소입니다. 사도행전 19장 8-20절의 정신에 따라 첫째 목회자를 돕는 사역과 평신도를 훈련시키는 사역, 둘째
세계선교(TIM)와 문서선교(단행본·잡지) 사역, 셋째 예수문화 및 경배와 찬양 사역, 그리고 가정·상담 사역 등을
감당하고 있습니다. 1980년 12월 22일에 창립된 두란노서원은 주님 오실 때까지 이 사역들을 계속할 것입니다.

야곱의
기도

기도의 네 가지
의미를 배우다

이경용 지음

두란노

신앙생활은 곧 기도 생활이다. 많은 이가 신앙을 윤리 생활로 오해한
다. 바르고 진실하게, 정직하게 산다고 신앙생활이 아니다. 신앙생활은
하나님 앞에서 어떤 모습으로 나타나는가 하는 문제다. 신앙생활은 곧
하나님에 대한 신앙고백에서 비롯된다.

그것이 바로 기도 생활이다. 우리가 기도할 때, 기도하는 목적과 응답
에 바르게 반응하려는 바른 경건의 자세가 필요하다. 신학적으로 기도
생활을 인간 자신에게서 찾는 것을 '에로스적 기도'라 하고, 하나님에
게서 찾으면 '아가페적 기도'가 된다. 곧 브니엘 영성이다.

그러므로 바른 기도의 자세는 성경에 나타난 아브라함의 기도로부터
예수 그리스도의 생생한 기도에서 찾아야 한다. 고맙게도 저자는 철저
하게 성경의 문맥과 역사적 사건에서 성경적 기도의 바른 자세와 응답
의 의미를 탐구하여 독자들에게 상세히 설명하고 있다.

기도할 때, 가장 중요한 마음 자세는 믿음으로 하는 것이다. 예수님도
"받은 줄로 믿으라"고 심오한 교훈을 하셨다. 기도하며 응답받길 사모
하는 마음과 기도 응답에 감사로 반응하는 것도 참으로 중요하다. 모쪼
록 이 귀한 책을 읽는 독자들이 성경적이고 생명력 있는 기도 생활로
살아나기를 바라며, 기쁜 마음을 담아 추천한다.

곽선희 목사_소망교회 원로

나는 기도에 대한 아픈 기억이 있다. 교회에 다닌 지 얼마 되지 않아서, 여름 중고등부 수련회에 참가한 적이 있었다. 당시 나는 고등학교 교사였기에 청소년들의 신앙 수련회가 무척 궁금했다. 그런데 그날 저녁 문제가 발생하고 말았다. 저녁 활동 시간에 전도사님이 나를 지명하여 기도해 달라고 부탁하였다. 아무런 준비 없이 참석했던 나는 두근거리는 가슴으로 미사여구를 동원하여 하나님을 찬미하고 두서없이 기도를 끝내고 말았다.

그 후로 내게 기도는 마음의 평안이 아니라 무거운 짐이 되었다. 기도 순서와 예문 등을 공부해 보았으나 큰 진보는 없었다. 믿음의 연조는 늘어 가는데 뜬구름 잡는 듯한 기도와 응답에 대한 확신 없이 그저 습관적으로 기도하는 자신을 볼 때가 한두 번이 아니었다.

친구 이경용 목사가 출간을 앞두고 띄어쓰기 등 맞춤법을 점검해 달라고 부탁하여 꼼꼼히 책을 읽었다. 기도 응답에 궁금증이 많았던 나는 맞춤법이라는 도식적인 읽기에서 벗어나, 책의 내용에 심취하여 기도의 의미를 깊이 이해하는 특별한 시간을 보냈다.

영성신학자인 저자는 '신학'이란 다소 무거운 주제를 누구나 쉽게 접근할 수 있도록 적절한 성구와 일상의 예화로 설명한다. 저자의 전작들처럼 이 책도 간결하고 속도감 있게 문장을 전개함으로 독자가 지루하지 않고 끝까지 손에 책을 잡게 한다.

기독교는 체험의 종교이기에 체험 전과 후에는 반드시 변화가 생긴다. 나와 독자들도 기도 응답과 브니엘의 체험을 통하여 의미 있는 전환점이 생기면 좋겠다. 끝으로 야곱의 기도 사건을 묵상하며 '나는 진정 그리스도인으로서 어떤 체험을 하였는가?'라는 근본적인 질문도 던져 본다.

이 책은 평신도이든 중직자이든 목회자이든 기도의 본질과 의미 그리고 응답받는 기도의 길을 알고 싶은 이들에게 매우 유용한 책이 될 것이다.

오충민_시인, 안수집사

야곱의 얍복강 기도는 그리스도인에겐 너무나 익숙한 기도이다. 그 익숙한 기도를 저자는 전혀 새로운 관점에서 풀어낸다. 즉 기도의 네 가지 의미를 옹달샘에서 끌어올리듯 자아내고 있다.

기도의 네 가지 의미, 곧 응답, 자아 발견, 소명 발견, 브니엘 영성은 점점 더 깊은 곳으로 우리 기도를 인도한다. 그리스도인은 누구나 기도 응답에 간절함이 있다. 확실한 기도 응답 체험은 든든한 신앙의 뿌리가 된다. 특히 저자는 책에서 기도 응답을 넘어서 자아 발견으로 나가길

촉구한다. 얍복강 기도 중에 하나님은 야곱에게 "네 이름이 무엇이냐?" 질문하신다. 야곱이 자기 이름을 고백하는 순간, 그의 내면에서 엄청난 변화가 일어난다. 기도 중에 자기의 실체를 보게 되는 자아의 자각이 일어난 것이다.

기도를 많이 해도 사람이 잘 변하지 않는다고 말한다. 기도 응답 체험은 많지만, 자기가 누군지를 깨닫지 못하는 데서 오는 것은 아닐까. 만일 기도하며 하나님 앞에서 진지하게 자기 이름을 불러 본다면 어떤 일이 일어날까. 야곱처럼 하나님의 음성이 들리고 은혜가 임하여 자기 자신을 분명히 알게 된다면, 근본적인 삶의 변화가 있으리라 기대한다.

기도 응답, 자기 발견, 소명 발견, 나아가 브니엘, 하나님 얼굴을 뵙는 은혜가 있다면 우리 기도가 얼마나 풍성해질까. 본서를 통해 야곱의 기도 열정과 기도의 네 가지 의미를 차근차근 따라가다 보면, 더 깊은 기도의 자리로 나아갈 것이다. 그 어느 때보다 진실한 기도가 필요한 시대에 출간되는 귀한 책을 기쁜 마음으로 추천한다.

윤동일 목사_무학교회 담임

야곱은 형 에서를 팥죽 한 그릇으로 속인 사건이 빌미가 되어 혈혈단신 외갓집으로 도망갔다. 야곱은 외갓집에서 20년 고생하여 자수성가하고 거부가 되어 귀향하지만, 마음엔 늘 납덩이같이 무거운 근심거리가 있었다. 에서와의 악연이다. 야곱이 돌아온다는 소식을 들은 에서는 400명을 거느리고 야곱을 맞이한다. 20년의 세월이 흘렀지만, 한번 맺힌 감정의 응어리가 풀리지 않고 더 깊숙이 들어간 것이다. 대개 감정이 응어리지면 분노와 한(恨)이 된다.

야곱은 몇 차례 뇌물로 형의 감정을 풀려 했지만, 에서의 마음은 꼼짝달싹하지 않는다. 앞으로 나갈 수도 없고 뒤로 물러날 수도 없는 그 급박한 순간에 하나님은 야곱을 기도의 자리로 초청하셨다. 야곱이 기도할 수밖에 없는 막다른 골목으로 몰고 가셨다. 그리고 마침내 브니엘로 하나님 자신의 얼굴을 보여 주셨다.

놀랍게도 하나님 얼굴을 뵙는 브니엘 영성이 임하자 야곱과 에서의 마음 저 밑바닥에 쌓이고 쌓인 앙금과 쓴뿌리가 녹아 사라졌다. 이것이 바로 브니엘의 영성이다!

오늘날도 우리 인간사와 교회에 이런저런 갈등과 문제가 많다. 어떻게 그 난제를 풀어갈 수 있을까? 이는 힘으로도 능으로도 되지 않는다(슥 4:6). 오직 기도와 브니엘 영성으로만 해결할 수 있을 것이다. 그러기에 지금이 더 기도가 더 필요한 때고, 하나님의 임재를 사모하는 깊은 기

야곱의 기도

도가 요청되는 시대이다.

이런 시기에 참으로 귀한 책이 출간되었다. 독자들이 이 책에서 제시하는 것처럼 기도의 네 가지 의미를 차근차근 밟아 가서 마침내 브니엘 영성에 이르기를 두 손 들어 간절히 축복하며 진심으로 추천한다.

최일도 목사_시인, 다일공동체 대표

✷ 차례

1부
기도의 초보에서 벗어나는 법

3부
기도하는 자의 삶의 자세

우리는 매일 해가 지는 저녁을 맞고, 다시 해가 뜨는 아침을 맞는다. 그러나 야곱에게 해가 지고, 다시 해가 뜨기까지는 20년이란 세월이 걸렸다. 야곱이 고향을 떠나 하란으로 도망가다가 해가 졌고(sunset, 창 28:11), 다시 고향으로 돌아오던 길에 맞은 얍복강의 브니엘에서 해가 돋았다(sunrise, 창 32:31). 이 두 사건 사이엔 20년이란 세월이 있다. 해가 지고 다시 해가 돋았다는 것은 깊은 영적 의미를 지닌다. 20년은 야곱에게 '영혼의 깊은 밤'이었다.

창세기 28장엔 야곱의 하늘사다리 꿈이 있고, 32장엔 야곱의 얍복강 기도가 있다. 20년을 전후로 야곱의 인생엔 엄청난 사건들이 휘몰아쳤다. 구약의 인물 중에 가장 강력한 기도 응답과 능력을 체험한 이가 야곱이라고 생각한다. 창세기에 세 번 야곱의 기도가 소개된다. 28장의 돌베개 베고 잠자다가 하늘사다리 꿈을 꾼 것, 32장의 얍복강 기도, 49장의 12자녀에 대한 예언 기도이다.

10년 전 나는 창세기 28장의 하늘사다리 꿈을 묵상하며《말씀묵상기도》(Lectio Divina)란 책을 썼다. 그 후 10년간 틈틈이 야곱의 얍복강 기도를 묵상했다. 마치 이삭이 해가 저물 때에 들에 나가 묵상하며(창 24:63) 리브가를 맞이한 것처럼, 묵상하며 얍복강 가를 거닐었다. 이 기도엔 무슨 뜻이 있나, 그 의미는 무엇일까 숙고했다. 깊은 우물에 두레박을 던져 한 바가지 두 바가지 물을 길어 오르듯 오랜 시간 묵상하며 자아올린 것이 이 책이다.

얍복강 기도는 그저 죽기 살기로 간절히 부르짖어 기도하는 강청기도 이상의 의미가 있다. 야곱의 얍복강 기도엔 네 가지 의미가 있다고 본다. 첫째, 기도 응답이다. 야곱은 에서가 400명의 군사와 함께 다가오자 두려움에 휩싸인다. 패닉에 사로잡힌 야곱은 "내가 주께 간구하오니 내 형의 손에서, 에서의 손에서 나를 건져내시옵소서"(창 32:11) 간절히 기도한다. 결국 그 기도는 응답받았다. 비록 한쪽 다리가 골절되었지만, 야곱은 형의 손에서 살아났다. 기도 응답의 체험은 신앙생활에서 매우 중요하다. 단 한 번이라도 기도 응답의 체험이 분명하면, 어떤 경우라도 절망하지 않고 기도할 용기와 이유가 생긴다.

둘째, 자기 발견과 자아의 자각(The awakening of the self)이다. 하나님은 기도 중에 갑자기 네 이름이 무엇이냐고 이름을 물으셨다. 하나님이 야곱의 이름을 모르실 리 없다. 하나님이 이름을 물은 의도는 무엇이었을까? 야곱이 하나님께 "네, 저는 야곱입니다" 이름을 아뢰는 순간 엄청난 일이 일어났다. 자아의 자각이 일어난 것이다. 야곱은 자기가 자수성가한 대단한 거부로 생각했고, 남들도 야곱을 거부로 인정했다. 그러나 그의 속사람은 야곱(속이는 자, 사기꾼)이었다. 요즘도 많은 이들이 겉과 속이 다르게 살아간다. 겉으론 멀쩡한데 속엔 곪아 터진 것이 많다. 그 갭이 큰 만큼 스트레스와 우울증도 많아진다. 기도의 깊은 의미는 하나님 앞에서 "진정한 나", 곧 자기다움을 발견하는 것이다. 기도하면 내가 누군지를 알아 가는 일이 실제로 일어난다.

셋째, 소명 발견이다. 야곱이 자기가 속이는 자라고 고백하자, 하나님은 이름을 바꾸어 주셨다. "이제부터 너는 야곱이 아니라 이스라엘이다." 하나님이 이름을 바꾸어 주신 것은 이젠 새 사람이 되어서 하나님의 사명을 이루라는 것이다. 우리가 비록 이름을 바꾸진 않더라도 진정한 기도가 이루어지면, 내가 누군지 알게 되고, 그 연장선상에서 내가 할 일이 보인다. 아니 하나님이 내가 해야 할 사명을 분명히 알게 하시고 감당할 능력과 지혜도 부어 주신다.

넷째, 브니엘 영성이 일어난다. 하나님은 야곱에게 하나님 자신의 얼굴을 보여 주셨다. 하나님의 얼굴을 뵌 야곱은 그곳 이름을 브니엘이라 불렀다. 하나님의 얼굴을 뵙고 난 후에 야곱은 형과 극적으로 화해한다. 그 두렵고 무서운 형의 얼굴을 보고 "내가 형님의 얼굴을 뵈온즉 하나님의 얼굴을 본 것 같사오며"(창 33:10)라고 말한다. 적어도 이 말은 거짓말도 립서비스도 아니다. 이 순간에 이 말은 야곱의 진심이었다. 브니엘, 하나님 얼굴을 뵙고 나면 사람은 근본적으로 달라진다. 하나님을 직접 뵈었는데 어찌 사람이 변하지 않겠는가. 브니엘 체험이 일어나자, 에서와 진정한 화해가 이루어진다. 브니엘 체험이 일어나면, '해가 지는' 어둠에서 '해가 돋는' 아침으로 나아가게 된다.

한국 교회는 기도에 참 열심이다. 1907년 평양대부흥운동 이후 통성기도, 철야기도, 새벽기도, 주여! 삼창 등 뜨겁게 기도한다. 기도 응답도 많이 체험하고 기도가 열심인데 사람이 잘 변하지 않는 것은 왜일까. 아마도 그것은 기도 응답 체험은 많은데, 자아의 자각과 자아 성찰이 적기 때문이지 않은가 조심스레 생각한다. 야곱이 근본적으로 변하는 과정을 추적해 보면, 분명히 기도 응답, 자아의 자각, 소명 발견, 브니엘이란 흐름이 있다.

창세기 28장에서 야곱은 하늘사다리 꿈을 꾸었다. 하늘사다리는 무엇일까? 그 한 답이 렉시오 디비나이다. 하늘사다리 모양인 렉시오 디비나는 기도 방향이 위로 향한다. 즉 하늘에 계신 초월적인 하나님께 기도드리는 방향성을 갖는다. 그러한 예가 요한 클리마쿠스의 《거룩한 등정의 사다리》이다. 창세기 32장의 얍복강 기도는 내면으로 향하는 기도로 볼 수 있다. 하나님은 우리 안에 내주하신다. 예수님도 일찍이 포도나무 비유(요 15장)로 주님이 내 안에 계시고 우리가 주님 안에 있다고 말씀하셨다. 내주하시는 주님을 찾아가는 내향적인 기도는 아빌라 테레사의 《영혼의 성》에 잘 나타나 있다.

우리의 기도가 더 풍성해지고 깊어지려면 두 가지 기도의 방향성에 주목해야 한다. 그래서 좀 더 높은 기도와 능력을 구하는 기도가 필요하며, 동시에 좀 더 깊이 내면으로 들어가는 자기 성찰의 기도도 필요하다. 이 책을 읽는 독자들이 이 책과 함께 기도 응답 체험, 자기 성찰과 자아의 자각, 소명 발견 그리고 하나님 얼굴을 뵙는 브니엘 영성에 이르기를 기도한다.

이 책이 나오기까지 도와주신 손길들이 참 많다. 먼저 하나님 아버지께 진심으로 감사드린다. 영적 아버지처럼 늘 영감과 지혜를 주시고 추천서를 써주신 곽선희 목사님께 감사드린다. 목회와 삶을 동행하며 기쁘게 추천사를 써 준 최일도 목사님과

윤동일 목사님에게도 감사드린다. 국어 교사며 시인인 오충민 친구의 교정교열과 우정 어린 추천사도 고맙다. 덕분에 원고의 완성도가 높아졌다.

출판을 기꺼이 허락해 준 두란노와 사진 자료를 위해 애써 준 분들과 정지혜 선생에게도 감사드린다. 끝으로 청주영광교회 모든 성도님과 영성나무 동료들, 582 친구들, 예목원, 기아대책 이사회, 그리고 평목회 동료들에게 감사드린다. 때로 웃고 울며 기도하며 더불어 사랑하며 살아가는 가족 한선희, 재훈, 하은, 하나에게도 고마운 마음을 듬뿍 담아 보낸다.

2024년 7월, 사직동 언덕에서

이경용 목사

고갱과
"설교 후의 환상"

　　　　　　　　　　1888년 여름이 끝나 갈 무렵,
고갱은 한 점의 그림을 완성하고 퐁타방교회에 기증하려 했다.
고갱이 약 3년간 퐁타방에 머물며 작품 활동을 하였기에 감사한
마음을 전하려 했던 것이다. 그러나 퐁타방교회는 이 걸작을 거
절했고, 지금 이 그림은 스코틀랜드 국립미술관에 있다. 고갱은
친구 반 고흐에게 이런 내용의 편지를 보냈다.

　"얼마 전 종교화 하나를 작업했네. 잘 그린 건 아니지만, 흥미
　롭게 작업했고 마음에 드는 작품이야. 이 그림을 퐁타방교회에
　주고 싶었어. 물론 교회에선 별로 달가워하지 않았다네."[1]

1　장재구, 《낙원을 그린 화가 고갱》(한국일보 문화사업단, 2013), 70p. 고갱은 1866년 프
　랑스 브르타뉴의 작은 마을 퐁타방에서 약 6개월을 지냈다. 그 후에 코펜하겐, 파
　나마 등을 돌아 다시 퐁타방으로 돌아와서 1888년 이 그림을 그렸다. 고갱은 1889

설교 후의 환상
_폴 고갱, 1888

　이 그림은 창세기 32장에 등장하는 '야곱의 얍복강 기도'를 담았다. 그림 제목이 "설교 후의 환상: 천사와 씨름하는 야곱"이다. 사람들은 이 그림의 씨름에 대해서 다양하게 해석한다. 인간과 신의 싸움이라고도 하고 인간과 사탄의 싸움, 혹은 고갱 자신의 싸움이라고도 말한다. 고갱은 이 그림에서 리얼리즘, 인상주의와 결별하고 상징주의 화풍을 택했다. 고갱은 이 그림에서 물리적 현실과 내면의 환상을 모두 보여 준다. 고갱은 반 고흐에게 보낸 편지에 이렇게 썼다.

　"이 그림에서 야곱과 천사의 씨름 장면과 뒤로 보이는 풍경은
　설교가 끝난 후, 기도하는 사람들의 상상 속에서만 존재하지.

년 퐁타방에서 "황색의 그리스도, The Yellow Christ"라는 제목의 그림도 그렸다.

그래서 앞의 사람들은 실물 크기로 표현했고, 배경의 씨름 장면은 비율도 맞지 않게 현실과 다른 상태로 표현하여 이 둘을 대비시킨 것이라네."[2]

그림 속에 대각선으로 비스듬히 뻗은 사과나무는 현실과 설교 이후 내면의 환상을 표현하는 경계선이다. 그림 아래로 브르타뉴의 사제와 수녀들이 야곱이 천사와 씨름하는 장면을 보고 있다. 먼저 오른쪽 아래에 창세기 32장 야곱의 얍복강 기도에 대해 설교한 목사(사제)가 있다. 목사는 하나님의 말씀인 성경을 현대어로 해설하여 '어제의 말씀이 오늘의 말씀'이 되게 한다. 그리고 그 옆으로 수녀들이 보인다. 고갱은 이 그림을 통해서 말씀을 대하는 세 종류의 사람을 상상한 듯하다. 그림 속 얼굴들을 보면 세 종류의 사람이 있다. 왼쪽 여인은 두 손을 가지런히 모으고 깊이 기도하고 있다. 야곱의 기도가 자기의 기도가 되길 바라는 듯하다. 한편 설교를 확신하지 못하고 긴가민가하는 사람들도 있다. 또 왼쪽 위 여인들처럼 설교가 자기와는 무관하다는 듯 멀찍이 떨어져 있는 사람도 있다. 오늘도 역시 야곱의 얍복강 기도에 대해 세 종류의 반응이 있을 것이다. 그 기도가 나의 기도가 되길 바라는 사람, 긴가민가하는 사람, 그리고 나와는 상관없다는 듯 멀찍이서 듣는 사람이다.

---

2 《낙원을 그린 화가 고갱》, 70p.

야곱의 기도

성경이 위대한 것은 크게 두 가지이다. 첫째, 성경은 하나님 말씀이기에 위대하다. 하나님은 말씀으로 천지를 창조하셨고, 말씀으로 구원의 진리를 보여 주셨다. 인간은 누구도 성경 말씀 없이 하나님을 알 수 없고, 구원의 지혜에 이르지도 못한다. 성경은 구원에 이르는 지혜를 주는 '유일한 책'이다. 그러기에 종교개혁자들도 "오직 성경으로"란 슬로건을 종교개혁의 모토를 삼았다.

둘째, 성경은 인간의 실존을 있는 그대로 기록한 책이다. 세상의 책들은 작가의 의도에 따라 사람의 주인공을 선하게 혹은 악하게 묘사한다. 있는 그대로 쓰기보다는 사람의 입맛에 맞게 분장하고 각색한다. 그러나 성경은 사람들의 모습을 있는 그대로 적나라하게 기록한다. 분장이나 화장기 없는 맨얼굴, 즉 '생얼'이다. 그러기에 누구나 정직하게 성경을 읽으면 성경 인물 중에서 내 모습을 보게 된다. 어느 순간 성경 인물과 내가 동일시되는 경험을 한다. 이것은 엄청난 은혜다.

우리는 성경을 읽으며 나 자신뿐 아니라 현대인을 보게 된다. 종종 국내 굴지 기업의 형제 갈등을 보았다. 병고에 시달리는 노령의 아버지를 법정에 세우고 '네가 옳다', '아니 내 말이 맞다' 서로 다투는 모습이 어디 그들만의 일이겠는가. 우리 모두의 모습이 그러하고 성경 인물들 역시 그러하다.

돈과 뇌물도 안 통하는
막다른 골목에서

　　　　　　　　창세기의 야곱과 에서를 보
면, 오늘날 우리가 겪는 갈등을 그대로 마주한다. 마치 그전에
어디서 많이 본 듯한 기시감을 느낀다. 쌍둥이 에서와 야곱은 태
중에서부터 갈등하였다. 서로 먼저 세상에 나오려고 태중에서
싸웠다. 쌍둥이는 단 몇 분 차이로 평생 형이 되고 동생이 되는
얄궂은 운명이다. 에서와 야곱이 그런 운명 가운데 태어났다. 어
릴 때는 철없이 마냥 행복하게 지냈겠지만, 나이가 들고 부모의
재산이 오가는 현실 앞에서 형제 사이엔 묘한 긴장과 갈등이 일
어났다.

　욕심 많은 야곱은 아버지가 죽기 전에 장자권을 확보하고 싶
었다. 먼저 형 에서의 단순한 성격과 배고픔을 이용해 팥죽 한
그릇으로 장자권을 거래하고자 했다. 그 후에 나이가 많아 눈이
침침하고 정신이 희미한 아버지 이삭에게 머리를 들이밀고 축
복 기도를 받아 냈다. 고령의 아버지를 속여 축복 기도를 받아
내는 야곱의 모습은 속고 속이며 자기의 이득만 탐하는 우리의
모습과 다르지 않다. 이 일로 분노한 에서를 피해 야곱은 외갓집
으로 숨어들었다. 야곱의 사기 행각을 어떻게 수습할 것인가에
대해 리브가, 에서, 야곱의 생각과 처방은 각기 달랐다.

　첫째, 어머니 리브가의 처방은 '세월이 약이겠지요'였다.

내 아들아 내 말을 따라 일어나 하란으로 가서 내 오라버니 라
반에게로 피신하여 네 형의 노가 풀리기까지 몇 날 동안 그와
함께 거주하라 네 형의 분노가 풀려 네가 자기에게 행한 것을
잊어버리거든 내가 곧 사람을 보내어 너를 거기서 불러오리라
어찌 하루에 너희 둘을 잃으랴(창 27:43-45)

리브가는 에서가 욱하는 성질이 있지만, 단순하기에 몇 달이
지나면 잊어버리리라 생각하였다. 세월이 약이라 생각한 것이
다. 한바탕 소나기가 지나가듯, 이 또한 지나가리라고 쉽게 생각
했다. 우리는 얼마나 자주 이런 생각을 하는가. 누군가에게 손해
와 상처를 주고 '세월이 지나가면 잊을 거야', '아마 기억하지 못
할 거야'라고 종종 생각한다. 그런데 놀랍게도 상처를 준 사람은
까마득히 잊지만, 상처를 입은 사람은 아무리 세월이 지나도 잊
지 못하고 그날 일을 또렷이 기억한다. 많은 상담과 심리 문제가
대부분 여기에서 시작한다. 가해자는 잊었는데 피해자는 결코
잊을 수 없다는 사실이다. 세월이 지날수록 상처는 더 깊이 내면
화되고 곪아 간다. 리브가의 생각은 틀렸다. 감정 문제는 세월이
지나도 잊히지 않고 더 마음 깊이 박혀 한(恨)이 된다. 몇 날이 지
나지 않아 야곱과 해후하리라 기대했던 리브가는 그 뜻을 이루
지 못한 채 죽음을 맞고 막벨라 굴에 장사되었다(창 49:31).[3]

---

3 성경에 리브가의 죽음이 정확히 명시되어 있지 않다. 성경학자들은 리브가가 야곱

둘째, 형 에서의 생각은 무력투쟁이었다. 얄미운 동생을 칼로 손보려 하였다.

사자들이 야곱에게 돌아와 이르되 우리가 주인의 형 에서에게
이른즉 그가 사백 명을 거느리고 주인을 만나려고 오더이다 야
곱이 심히 두렵고 답답하여… 내가 주께 간구하오니 내 형의 손
에서, 에서의 손에서 나를 건져내시옵소서 내가 그를 두려워함
은 그가 와서 나와 내 처자들을 칠까 겁이 나기 때문이니이다
(창 32:6-7, 11)

20년간 에서는 400명의 군사를 훈련하였다. 무예를 단련하
고 칼과 활을 능숙히 다루는 강력한 군사를 길렀다. 에서는 얄미
운 동생 야곱을 언젠가는 치리라는 일념뿐이었다. 요즘도 얼마
나 많은 이들이 마음에 안 드는 형제를 치기 위해 칼을 가는가.
지금도 적지 않은 사람들이 법으로, 말로, 돈으로 형제를 찌른
다. 역사 속에 얼마나 많은 왕자의 난이 있고, 부자간의 칼부림
이 있었나 모른다. 야곱은 형 에서가 20년이나 복수의 칼을 갈고

을 다시 만나지 못하고 안타까움 속에 죽은 것으로 본다. 리브가 이름이 마지막으
로 기록된 곳은 창세기 35장 8절이다. "리브가의 유모 드보라가 죽으매 그를 벧엘
아래에 있는 상수리나무 밑에 장사하고 그 나무 이름을 알론바굿이라 불렀더라."
알론바굿은 '곡함의 상수리'란 뜻으로, 이 비슷한 때에 리브가가 죽었거나, 리브가
의 죽음에 에서가 동참하지 않은 것으로 본다. 리브가는 죽은 후 막벨라 굴에 장사
되었다(창 49:31).

야곱의 기도

있었음을 알고 대경실색한다. 그러나 칼 또한 해결책은 아니다. 칼로 흥한 자, 칼로 망한다는 말이 있다.

셋째, 야곱은 돈과 뇌물로 감정을 풀려고 했다. 잔꾀 많은 야곱은 단순 무식한 에서가 돈 몇 푼에 나가떨어지리라 생각하였다.

야곱이 거기서 밤을 지내고 그 소유 중에서 형 에서를 위하여 예물을 택하니 암염소가 이백이요 숫염소가 이십이요 암양이 이백이요 숫양이 이십이요 젖 나는 낙타 삼십과 그 새끼요 암소가 사십이요 황소가 열이요 암나귀가 이십이요 그 새끼 나귀가 열이라 그것을 각각 떼로 나누어 종들의 손에 맡기고 그의 종에게 이르되 나보다 앞서 건너가서 각 떼로 거리를 두게 하라 하고 그가 또 앞선 자에게 명령하여 이르되 내 형 에서가 너를 만나 묻기를 네가 누구의 사람이며 어디로 가느냐 네 앞의 것은 누구의 것이냐 하거든 대답하기를 주의 종 야곱의 것이요 자기 주 에서에게로 보내는 예물이오며 야곱도 우리 뒤에 있나이다 하라 하고 그 둘째와 셋째와 각 떼를 따라가는 자에게 명령하여 이르되 너희도 에서를 만나거든 곧 이같이 그에게 말하고 또 너희는 말하기를 주의 종 야곱이 우리 뒤에 있다 하라 하니 이는 야곱이 말하기를 내가 내 앞에 보내는 예물로 형의 감정을 푼 후에 대면하면 형이 혹시 나를 받아 주리라 함이었더라(창 32:13-20)

꾀 많은 야곱은 에서가 소, 양, 낙타 등 선물을 주면 마음이 풀어지리라 생각했다. 그래서 그는 "예물로 형의 감정을 푼 후에 대면하면 혹시 나를 받아주리라"라고 말한다. 이 말은 야곱의 말일 뿐만 아니라, 모든 현대인의 말이기도 하다. 얼마나 많은 현대인들이 사람을 다치게 하거나 심지어 죽여 놓고 돈으로 흥정하는가. 보험회사에서, 변호사가 소위 합의금이란 이름으로 상처와 목숨을 주고받는다. 어쩌면 현대인은 야곱보다도 더 교활하고 계산적인 존재다. 그러나 얼마간의 합의금과 위로금을 받아도 상처는 상처로 여전히 남는다. 야곱의 방법인 선물과 뇌물역시 해결책은 아니다. 성경은 뇌물에 대해 이렇게 말씀한다.

> 너는 뇌물을 받지 말라 뇌물은 밝은 자의 눈을 어둡게 하고 의로운 자의 말을 굽게 하느니라(출 23:8)
> 악인은 사람의 품에서 뇌물을 받고 재판을 굽게 하느니라(잠 17:23)
> 탐욕이 지혜자를 우매하게 하고 뇌물이 사람의 명철을 망하게 하느니라(전 7:7)

세월로도 안 되고, 주먹과 무력으로도 안 되고, 돈과 뇌물도 안 통하는 막다른 골목에서 야곱은 홀로 남겨진다. 그리고 역설적으로 그 막다른 골목에서 기도가 시작된다. 그게 바로 위대한 야곱의 얍복강 기도이다. 하나님의 처방은 야곱을 얍복강 기도

야곱의 기도

로 이끄시는 것이었다. 역설적으로 막다른 골목인 얍복강 기도에서 야곱의 모든 인생 문제가 해결된다. 그렇다. 기도가 바로 답이다. 브니엘이 답이다. 신기하게도 얍복강 기도에는 기도의 네 가지 의미가 보물처럼 숨어 있다.

1부

기도의 초보에서
벗어나는 법

✳

1장.
그들은 어떻게 기도했는가

    – 기도의 네 가지 단상

대주교의 죽음

《투명 인간》,《타임머신》 등을 쓴 소설가 허버트 조지 웰스(H. G. Wells, 1866-1946)의 단편소설 "대주교의 죽음"에 나오는 이야기이다. 짧지만 기도에 관한 의미심장한 내용이며 많은 것을 생각하게 한다.

어느 성당에 기도를 잘하기로 소문난 대주교가 있었다. 그는 젊었을 때, 사제로 성당에 부임한 첫날부터 30년 동안 하루도 빠짐없이 매일 같은 시간 같은 장소에서 기도했다. 비가 오나 눈이 오나 기도 시간을 어기지 않았다. 하루는 몸이 몹시 아팠다. 많은 사람이 '제아무리 대주교님이라도 오늘은 기도를 쉬겠지'라고 생각했지만, 그는 아픈 몸을 이끌고 기도 시간에 나타나 사람들을 놀라게 하였다. 대주교의 30년 기도 근속 기록은 누구도 깨지 못할 자랑스러운 대기록이었다.

사람들은 이렇게 오랜 세월 한결같이 기도하는 대주교를 존경하며 부러워했고, 칭찬을 아끼지 않았다. 대주교의 매끄러운 기도와 화려한 언어는 타의 추종을 불허했고, 듣는 이의 애간장을 녹일 만큼 간절했다. 대주교가 하늘 향해 두 손을 높이 들고 기도하는 모습은 마치 모세와 엘리야 같았다. 대주교의 그런 기도 모습을 보기 위해 많은 사람이 몰려들었다. 대주교는 그 성당의 커다란 자랑이자 보물이었다.

그러던 어느 날, 대주교가 갑자기 심장마비로 죽었다. 그것도 기도 시간에 죽은 것이다. 대주교는 그날도 평소 습관처럼 거룩한 복장을 하고 마음을 모아서 "오! 전능하신 하나님 아버지!"하고 하나님을 부르며 기도를 시작했다. 그런데 그 순간 하늘에서 음성이 들려왔다. "오냐, 무슨 일이냐?(Yes, What is it?)"그는 평생 처음 듣는 하나님의 음성에 너무 놀라 그 자리에서 심장마비로 죽고 말았다. 매일 열심히 기도하던 대주교는 하나님이 정말 자신의 기도를 듣고 계시다고 생각하지 못했다. 그런데 정말로 하나님이 기도에 응답하시자 충격을 받고 놀라서 죽고 만 것이다.

기도 응답을
5만 번 받은 조지 뮐러

고아의 아버지로 유명한 조지 뮐러(G. Muller, 1805-1898)는 평생 기도 응답을 5만 번 받은 것으로 유명하다. 뮐러는 프러시아(독일)에서 세무공무원의 아들로 태어났다. 10대의 뮐러는 아버지의 돈을 훔치고 술에 취하고 거짓말하며 방탕하게 살았다. 무단 가출과 나쁜 손버릇 때문에 감옥에도 가는 불량소년이었다. 뮐러가 열네 살 때 어머니가 갑자기 돌아가셨는데, 그날 밤에도 그는 친구들과 어울려 다니며 새벽 2시까지 카드놀이에 빠져 있었다.[4] 다음 날엔 선술집에서 술을 마셨다. 요즘으로 치면 어머니가 돌아가시던 날 밤에 친구들과 PC방에서 밤을 새고 다음 날엔 친구들과 클럽에 가서 신나게 노는 것이다. 십 대의 뮐러는 타락과 방탕의 삶을 살았다. 일 년에 두 번 정도 성찬식 때나 교회에 갔다. 이래선 안 된다고 고민하며 새사람이 되기를 원했지만, 그 결심도 작심삼일이었다.

뮐러는 스무 살에 신학 공부를 위해 할레대학에 입학하였다. 그러나 그의 대학 생활은 이전과 크게 다르지 않았다. 그러던 1825년 11월 어느 토요일 저녁, 한 기도 모임에서 뮐러는 놀라운 생애의 전환점을 맞이했다. 그는 난생처음으로 무릎을 꿇고 기도하는 한 친구(카이저)를 보고 충격을 받았다. 그날 저녁에 하나님은 뮐러 안에서 은총의 사역을 시작하셨다.[5] 무릎을 꿇고 기도한다는 것은 비천한 인간이 전능하신 하나님께 경외심으로 기도하는 것임을 깨달은 것이다. 그는 무릎을 꿇고 기도하는 친구를 통해 살아 계신 하나님을 보았다. 집에 돌아온 뮐러는 무릎으로 기도하였고, 그 밤은 뮐러의 인생에 결정적인 전환점이 되었다. 이때부터 뮐러는 실제로 기도를 시작하였다.

대학 졸업 후, 뮐러는 고아 선교의 사명으로 영국 브리스톨 애슐리 타운에 고아원을 지었다. 그 무렵 그가 가진 것은 선물

---

4   조지 뮐러, 유재덕 역,《5만 번 응답받은 조지 뮐러의 기도》(서울: 브니엘, 2018), 13p.
5   조지 뮐러, 김진우 역,《주님과 조지 뮐러의 동행 일지》(서울: 생명의말씀사, 2009), 20p.

받은 접시 세 개, 스물여덟 개의 쟁반, 물병과 컵 한 개, 네 개의 칼, 채소 깎는 강판 한 개뿐이었다. 이후 뮐러는 1만 명 이상의 고아들을 오로지 기도로 먹이고 양육하였다. 고아원 사역을 시작하며 처음에는 돈도 사람도 없었지만 하나님께 구하지 못하고 망설였다. 그러던 중 1835년 12월 5일 기도에 큰 전환점이 일어났다. "네 입을 크게 열라 내가 채우리라"(시 81:10)는 말씀에 도전받고 고아원 사역에 대해 무릎을 꿇고 기도하였다.[6] 뮐러는 말씀을 묵상하며 기도하였고, 기도할 때마다 응답을 맛보았다. 뮐러가 고아 사역에 헌신하게 된 계기는 "하나님은 고아의 아버지시며"(시 68:5)라는 말씀이다.

뮐러는 아침저녁으로 성경 말씀을 묵상하며 기도하였고 응답받았다. 그는 기도가 자기의 사사로운 목적을 이루는 수단이 되지 않도록 조심하였다. 오로지 기도가 하나님의 뜻을 이루는 수단임을 잘 알았다. 그는 고아들을 사랑하는 마음으로 하나님이 고아들의 필요를 채워 주시기를 기도하였고, 그의 가식 없는 정직하고 순수한 기도는 하나님 앞에 상달되었다. 뮐러는 매일 기도의 골방에 들어갔고, 하나님은 매일 좋은 것으로 응답해 주셨다. 뮐러는 기도할 때마다 자신이 능숙하게 기도를 잘한다고 생각해 본 적은 없었다.[7] 그는 인자하신 하나님 아버지를 신뢰하

---

6 홍일권, 《5만 번 응답받은 뮐러의 기도비밀》(서울: 생명의말씀사, 2017), 23p.
7 《5만 번 응답받은 뮐러의 기도비밀》, 30p.

야곱의 기도

고 매일 기도의 골방에 들어갔다.

기도의 사람 뮐러도 개인적인 시련이 있었다. 1853년 6월경, 뮐러의 외동딸이 발진티푸스로 죽을 위기를 맞았다. 뮐러 부부는 딸의 생명을 온전히 하나님께 맡기며 기도드렸다. 딸이 거의 죽게 되었지만, 하나님이 딸과 자신에게 최선의 것으로 응답해 주실 것을 믿고 기도하였다. 뮐러는 그날의 심정을 이렇게 고백하였다.

하늘에 계신 아버지께서는 그 정하신 경륜을 따라 일하시면서, '이 아이를 내게 바칠 각오가 되어 있느냐?'고 물으셨다. 내 마음은 고요히 대답했다. '하늘에 계신 내 아버지여, 아버지께서 좋게 여기신다면 뜻대로 하옵소서.' 아이를 주신 분께 다시 돌려드릴 마음 자세가 되었을 때, 하나님은 딸을 우리 가정에 남겨두셨다.[8]

훗날 뮐러는 자기가 겪은 믿음의 시험 중 이것이 가장 큰 시험이었다고 고백했다.

뮐러는 평생 다섯 친구의 구원을 위하여 특별히 기도했는데, 1년 6개월이 지난 어느 날, 한 친구가 복음을 영접하였다. 또 한 친구는 5년 만에, 다른 친구는 6년 만에 구원을 얻었다. 한 친구

---

8 《5만 번 응답받은 뮐러의 기도비밀》, 188p.

는 뮐러가 세상을 떠나기 직전 예수님을 주님으로 영접하였다. 한 친구는 뮐러가 죽은 후, 몇 달 뒤에 예수님을 영접하였다. 뮐러는 그 친구를 위해 무려 52년간 기도하였다.[9]

'5만 번의 기도 응답'이란 말은 뮐러가 한 것이 아니다. 뮐러는 평생 3천 페이지 정도의 기도일기를 남겼다. 그가 죽은 후 일기를 발견한 사람들이 확인해 보니 그 횟수가 약 5만 번이었던 것이다. 1898년 3월 10일 목요일, 93세로 세상을 떠난 뮐러는 평생 5만 번의 기도 응답을 받은 전설적인 기도의 사람이다.

주여 왜?

까를로 까레또(C. Carlo, 1910-1988)는 알프스에서 등반 조난구조대를 만들어 마테호른 봉에 오르며 눈 속에 갇힌 사람들을 도와주는 것이 꿈이었다. 등반은 그의 인생의 모든 것이었다. 눈 속에서 길 잃은 사람들을 구조하며 그들에게 예수님이 진정한 길이라는 것을 가르쳐 주고 싶었다. 그는 자신의 아름다운 꿈을 가슴에 새기며 조난 대장이 되기 위해 노력했다.

한번은 사막을 거치는 6백 킬로미터 등반 훈련을 하게 되었다. 컨디션이 좋지 않아 평소 잘 알고 지내던 친구인 간호사에게

---

9 《5만 번 응답받은 뮐러의 기도비밀》, 197-199p.

야곱의 기도

주사를 놓아 달라고 부탁하였다. 간호사 친구는 흔쾌히 그의 허벅다리에 주사 한 방을 놓아 주었다. 그러나 그 주사 한 방이 까를로 까레또의 인생을 완전히 뒤집어 놓고 말았다. 그 주사에는 다리를 마비시키는 독이 들어 있었던 것이다. 간호사 친구는 그를 위해 좋은 의도로 주사를 놓았지만, 치명적인 실수를 저지르고 말았다. 결국 그의 한쪽 다리가 완전히 마비되어 버렸다. 알프스의 조난 대장이 되어 설산을 오르내리며 사람들을 도와주려던 그의 꿈은 산산조각이 나고 말았다.

그 절망적인 순간에 그는 하나님을 향해 부르짖었다. "주여, 왜! 왜 당신은 나를 도와주시지 않습니까? 왜 이런 일이 내게 일어나도록 그냥 내버려두셨습니까? 내가 섬기는 전지전능한 하나님은 왜 내게 당신의 손길이 필요할 때, 손을 뻗어 도와주지 않았습니까? 도대체 이런 일이 왜 나에게 일어나야 합니까? 왜 하나님은 멍텅구리 친구 녀석이 주사를 잘못 놓아 내 다리가 마비될 때까지 우두커니 서서 보고만 계셨습니까?"[10] 까를로 까레또는 청춘을 바쳐 기도하던 것이 주사 한 대로 깨져 버린 현실 앞에서 절망한다. 그래서 "주여, 왜?"라고 하염없이 부르짖었다.

그 사고가 일어난 후, 30년의 세월이 흘렀다. 까를로 까레또는 잘못된 주사로 다리가 마비된 것이 불운이 아니라, 하나님의 은총인 것을 깨달았다. 그 사고 자체는 불행한 일이었지만, 하나

---

10   까를로 까레또, 김형민 역, 《주여 왜》(서울: 생활성서사. 1989), 13p.

님은 불운한 사고를 은총으로 바꾸어 놓으셨다. 그 사고는 그를 새로운 길로 밀어 넣었다. 그는 알프스 조난 대장 대신 사하라사막의 기상학자가 되었고, 눈 덮인 산속의 양 대신 사막의 염소를 보게 되었다. 그리고 광활한 사막에서 이스라엘을 인도하신 출애굽의 하나님을 체험하였다. 사막은 그에게 침묵과 묵상과 더 깊은 기도로 인도하는 은총의 현장이었다.

까를로 까레또는 오랜 세월 사막의 수도사로 살아가며, 하나님은 불운을 은총으로 바꾸어 주시는 분임을 깨달았다. 그는 성 아우구스티누스의 "하나님은 악을 허락하시지만, 이는 그것을 더욱 큰 선으로 바꾸어 놓으시기 위함이다"라는 말을 직접 자기 몸으로 체험하였다. 까를로 까레또는 "하나님은 고통과 상처를 통해 매우 값지고 무척이나 달콤한 꿀을 만들어 내셨다"고 고백하였다[11]. 그 꿀은 예수님이 산상수훈에서 말씀하신 팔복의 꿀이었다. 그는 이 꿀을 맛보았고, 복음의 능력과 하나님은 신비로운 일을 만들어 가는 분임을 몸소 체험했다.

하나님의 임재 연습

하나님의 임재 연습으로 유명한 로렌스형제(Brother Lawrence, 1611-1691)는 1611년 프랑스의 작은

---

11 《주여 왜》, 16p.

농촌 마을에서 태어났다. 로렌스는 청년 시절 두 번의 전투에 참여했는데, 불운하게도 부상을 당해 평생 한쪽 다리를 절었다. 그런 로렌스에게 결정적인 영적 전환점이 일어났다. 18세 되던 어느 겨울날, 로렌스는 이파리가 모두 떨어진 앙상한 겨울나무 한 그루를 보았다. 나무를 바라보며 묵상이 점점 깊어지는 가운데, 언젠가 그 가지에서 다시 새싹이 돋아나고 꽃이 피고 열매가 맺을 것이라는 생각이 문득 들었다. 바로 그 순간, 로렌스는 하나님이 자기와 함께 계시다는 섭리의 손길과 능력에 대해 큰 깨달음을 얻게 되었다.[12] 겨울 나목(裸木)을 묵상하다 하나님의 임재를 강력하게 경험한 것이다. 그 후로 로렌스는 40년 이상 하나님의 임재를 지속적으로 누리며 살았다.

수도사의 길을 걸으며 로렌스는 평생 하나님의 임재를 연습했다. 그에게 하나님의 임재 연습의 핵심은 한마디로 기도이다. 하나님의 임재 연습이란 우리 영을 하나님께 집중하고, 하나님이 우리와 함께하신다는 사실을 의식적으로 기억하는 것이다. 우리는 하나님의 임재 속으로 자기의 영을 자주 불러들이기 위해 이해력이나 상상 혹은 의지를 활용해야 한다. 이렇게 영혼의 깊숙한 중심에서 하나님과 친밀한 대화를 나누며 사랑스러운 눈으로 하나님을 바라보면, 자신도 의식하지 못한 사이에 영혼

12 　로렌스 형제, 임종원 역,《하나님의 임재연습》(서울: 브니엘, 2012), 12p.

속에서 거룩한 사랑의 불꽃이 타오르게 된다.[13] 사랑의 불꽃 속에서 영혼은 하나님과 하나되어 영적 대화를 나눈다.

이러한 로렌스의 하나님의 임재 연습은 그냥 저절로 된 것은 아니다. 로렌스도 처음 10년 정도는 무척 고통스러운 시간을 보냈다. 자기의 바람과는 다르게 과거에 지은 죄악들, 죽음, 심판, 지옥에 대한 두려움 등으로 기도 시간을 허비하기도 했다. 어느날, 로렌스는 자기가 이토록 괴로워하는 이유가 무엇인지 고민하다가, 하나님을 사랑하고 기쁘게 해드리려는 '거룩한 염려' 때문임을 깨닫는다.[14] 로렌스는 자기 영혼의 괴로움이 세속적인 것이 아니라 하나님을 향한 사랑 때문임을 깨닫자, 영혼의 괴로움에서 벗어나 깊은 내적 평안을 맛보게 된다.

이런 영적 현상을 영성적으로 '경직된 영신적 위안(Hard Consolation)'이라 한다. 영혼의 위로 혹은 영적 위안을 뜻하는 Consolation은 우리 영혼에 하나님이 주시는 사랑의 위로와 위안을 말한다. 이것은 두 가지 형태로 나타나는데, 하나는 하나님이 주시는 위로와 위안으로 인해 내 영혼이 기쁨과 감사로 가득한 영적 상태인 '부드러운 영신적 위안(Soft Consolation)'이다. 다른하나는 내 영혼이 하나님을 더 사랑하고 싶은데 나의 연약함으로 인해 충분히 섬기고 사랑하지 못할 때 오는 영적 부담감이다.

---

13 《하나님의 임재연습》, 99p.
14 《하나님의 임재연습》, 43p.

야곱의 기도

하나님을 기쁘시게 해드리고 싶은데, 그러지 못한 나의 나약함
과 용기 없음이 영혼에 무거운 짐으로 느껴질 때가 있다. 이것이
'경직된 영신적 위안'이다.[15] 사실 이것은 매우 좋은 영적 현상이
다. 하나님을 더 사랑하고 싶은데 내 연약함으로 인해 충분히 사
랑하지 못하는 데서 오는 '거룩한 염려'이기 때문이다. 로렌스는
이런 영적 진리를 깨닫고, 마침내 하나님이 주시는 평안을 맛보
게 되었다.

로렌스는 형식적인 기도와 잘 짜인 경건 훈련보다는 단순히
하나님께 주의를 집중하는 영적 훈련을 권한다. 하나님을 의식
하며 순수하고 사랑 가득한 마음으로 고요하고 은밀하게 영적
대화를 나누라 한다. 로렌스는 일상생활을 벗어난 피정 같은 영
성 훈련보다 평소처럼 매일의 일과 속에서 하나님의 임재를 연
습했다. 로렌스는 피정 같은 특별한 훈련은 오히려 영적으로 건
조해지기 쉽다고 보았다.[16] 그는 매일의 일상생활에서 하나님과
동행하는 임재를 연습하였다. 이것이 로렌스의 독특성이다. 로
렌스의 임재 연습은 그의 영성 일기에 이렇게 소개되어 있다.

"하나님을 있는 모습 그대로 우리에게 알려 주실 수 있는 분은
오직 하나님 자신뿐입니다. 하나님은 우리 영혼 깊숙한 곳에다

---

15 이정용, 《칼빈과 이냐시오의 영성》(서울: 대한기독교서회, 2010), 179p.
16 《하나님의 임재연습》, 127p.

그분 자신의 초상화를 그려 놓고 계시지만, 우리는 거기에서 하나님을 만나 보고 싶어 하지 않습니다. 우리는 하나님을 내버려둔 채로 어리석은 논쟁에 몰두하면서 항상 우리 안에 계시는 왕이신 하나님과 대화하는 것을 하찮게 여깁니다."[17]

"일하는 시간과 기도하는 시간은 전혀 다르지 않습니다. 저는 하나님을 사랑하는 마음으로 프라이팬에서 오믈렛을 뒤집습니다. 그리고 이 요리를 마무리한 뒤에 다른 일이 없을 경우, 땅바닥에 꿇어 엎드려 요리를 무사히 끝낼 수 있도록 은혜를 베풀어 주신 하나님을 찬양하지요. 그런 다음 제자리로 돌아오면 이 세상 어떤 왕도 부럽지 않습니다."[18]

로렌스에게 하나님의 임재는 지성적인 이해나 말이 아니라, 사랑하는 마음속에 머무는 것이다. 그러기에 그는 거창한 일을 도모하거나, 많은 방법을 동원하여 하나님 임재를 붙들지 않았다. 하나님을 사랑하는 마음으로 주어진 일을 감당하며 일상에서 하나님 임재를 경험했다.

사실 로렌스는 핸디캡이 많은 사람이다. 그는 전쟁 부상으로 한평생 다리를 절룩이며 살았다. 그 덕에 그는 15년간 수도원 부

---

17 《하나님의 임재연습》, 184p.
18 《하나님의 임재연습》, 188-189p.

얼에 배치되어 일하였다. 그뿐만 아니라 동료들의 냄새 나는 신발을 수선하는 일까지 해야 했다. 이런 허드렛일을 하면서 어떻게 하나님의 임재를 연습할 수 있었을까. 연습이란 말이 바람직한가. 거기다 로렌스는 늑막염으로 고통을 당해 잠을 제대로 이루지 못하는 날이 많았다. 그러면서도 그는 40여 년간 지속적으로 하나님의 임재를 누리며 살았다. 일상생활에서 하나님의 임재 연습은 로렌스 영성의 핵심이다.

로렌스는 하나님의 임재에 대한 민감성을 키우기 위해 잔머리를 굴리거나 입으로 떠벌리지 말고, 그분이 내 영혼 깊숙한 곳에 그려 놓으신 '하나님의 초상화'를 찾으라고 권한다. 하나님의 형상대로 지음 받은 인간 안에는 하나님의 초상화가 있다. 조잡한 사본인 이성적인 추론이나 학문보다는 영혼 안에 새겨진 탁월한 원본인 '하나님의 초상화'를 되찾아 가는 것이 하나님의 임재 연습의 핵심이다. 그러려면 논쟁보다는 영혼 안에 임재하시는 하나님을 지속적으로 묵상해야 한다.

여기서 중요한 것은 습관적으로, 의도적으로, 믿음으로, 자기 생각을 들어 올려 하나님께로 나아가는 것이다. 곧 목마른 사슴이 시냇물을 갈망하듯이 전인격적으로 하나님의 얼굴을 구하는 갈망이다. 브니엘! 하나님의 얼굴을 구하는 지속적인 태도가 곧 하나님의 임재 연습이다.

✦

2장.
기도를 배운 적이 있는가
　　－ 기도는 주님 앞에서 하는 것

개헤엄과 수영은 분명 다르다

목회 현장에서 많이 듣는 질
문 중 하나는 "어떻게 하면 기도를 잘할 수 있습니까?"라는 것이
다. 그리스도인이면 누구나 다 기도를 잘하고 싶어 한다. 그런데
"당신은 기도를 잘하십니까?"라는 질문에 "예, 그렇습니다"라고
자신 있게 말할 수 있는 사람이 과연 몇이나 될까? 기도를 잘한
다는 말을 명확히 정의하기란 쉽지 않다. 모호하고 어폐가 있다.
그러나 기도를 잘하고 싶은 마음은 우리 모두의 소원이다.

몇 년 전, '한국 교회 성도의 기도 생활에 관한 연구 설문조
사'를 하였다. 설문에서 성도들의 기도 만족도를 100점이 만점
이라고 가정할 때, 기도 시간, 열정, 응답, 집중도 등 자기 점수
가 얼마인가를 물었다. 평균은 54점이었다.[19] 어중간한 점수다.
54점을 해석하자면, 많은 성도가 자기 기도에 그렇게 만족하지
못한다는 것이다. 즉 '나는 기도를 잘해요', '나는 기도를 마스터
했어요', '나만큼 기도하는 사람 있으면 나와 보라고 하세요'라
고 자신 있게 말할 사람이 많지 않다는 뜻이다.

기도에 대한 궁금증은 예수님의 제자들에게도 있었다. 하루

---

19 〈목회와 신학〉, 2007년 9월호, 186-191p.

는 예수님이 기도를 마치자, 제자 중 하나가 "주여 요한이 자기 제자들에게 기도를 가르친 것과 같이 우리에게도 가르쳐 주옵소서"(눅 11:1) 하고 요청하였다. 이 말은 예수님의 제자들이 기도에 대해 많은 궁금증과 목마름이 있었다는 증거이다. 세례요한과 예수님은 서로 아는 사이였고, 제자들 역시 자기들의 스승이 무엇을 가르쳐 주는지 어느 정도 서로 알고 있었다.

제자들이 예수님께 기도를 가르쳐 달라고 요청한 이유는 적어도 두 가지이다. 하나는 예수님의 제자들이 세례요한이 제자들에게 기도를 가르쳐 준 사실을 알고 그것을 부러워했다는 것이다. 세례요한의 제자들과 예수님의 제자들은 서로를 견제하는 미묘한 경쟁 관계였다. 일종의 라이벌 구도다. 그들은 자기들의 스승이 더 커 보이기를 원했고, 자기가 더 좋은 스승에게서 배우고 있음을 과시하고 싶어 했다. 세례요한이 제자들에게 기도를 가르쳐 주자, 예수님의 제자들도 뒤질세라 우리에게도 기도를 가르쳐 달라고 요청했다.

또 하나는 실제로 제자들이 기도를 배우고 싶어 했다는 것이다. '생활의 달인'은 있지만, '기도의 달인'은 없다. 제자들은 기도에 목마름이 있었기에 스승인 예수님께 질문하였다. 제자들이 질문한 시점은 바로 예수님이 기도를 마치셨을 때다. 스승으로부터 따끈따끈한 답을 들을 수 있는 절호의 기회였다. 타이밍을 잘 맞춘 것이다.

많은 그리스도인이 성경 공부에 관심이 많다. 참 좋은 일이다. 그러나 기도를 배우려는 사람은 드물다. 특히 개신교 분위기에서 기도를 가르치고 배우는 것은 익숙하지 않다. 그럴 마음도, 프로그램도 거의 없다. 기도는 그저 각자 자기가 알아서 열심히 하면 되는 일이라고 생각한다. 새벽기도, 철야기도, 금식기도, 작정기도를 나름대로 열심히 하면 된다고 여긴다. 목회자들도 성도들에게 열심히 기도하라고 독려하지만, 구체적인 가르침이 부족하다. 기도에 대한 원론은 강한데 각론이 부족하다. 또 성도들 입장에서도 굳이 가르침을 받으려 하지 않는다. 기도는 사생활 영역으로 생각해 누군가 간섭하는 것을 못마땅히 여긴다. 기도는 여러 이유로 철저히 개인적인 영역에 머물러 있다. 그러기에 기도의 진보와 성숙이 어렵다.

우리는 각자 오랜 세월 기도하는 동안, 나만의 독특한 기도 내용과 스타일 그리고 방법이 몸에 배어 있다. 지금 당신의 기도하는 자세, 마음가짐, 내용, 방법은 누군가에게 배운 것인가? 설문조사 결과 자신의 현재 기도 습관과 내용 그리고 스타일에 가장 큰 영향을 준 사람은 바로 자기 자신이었다.[20] 많은 이가 자기 자신의 경험을 통하여 기도를 배워 온 것이다. 이것을 좋게 말하면 기도에 열심을 가졌다는 것이지만, 사실은 혼자서 주먹구구식으로 기도를 해 왔다는 말이다.

---

20 〈한국기독공보〉, 제2615호, 자기의 기도 내용 스타일에 영향을 준 것으로 자기 자신의 경험과 체험(32.1%), 목회자(27.9%), 가족이나 신앙의 선배(23.3%), 성경과 신앙 서적(9.5%), 기도 훈련과 세미나(4.5%) 등이었다.

어린 시절 시골에서 자라며 개울에서 헤엄치던 일이 많았다. 시골 소년들은 대부분 큰 개울이나 저수지에서 저마다의 방식으로 헤엄을 친다. 소위 한국형 수영인 '개헤엄'이다. 가끔 형들이 한두 마디 가르쳐 주지만 실력은 거기서 거기였다. 그냥 되는 대로 헤엄을 쳐도 저수지나 개울을 건너는 생존 수영엔 별문제가 없다. 그러나 어른이 되어 수영장과 바다에 나가면 문제가 달라진다. 제대로 수영을 배운 친구들은 평영, 자유형, 배영 등 다양한 폼으로 여유롭게 물에서의 시간을 즐기지만, 개울에서 헤엄치던 실력으로는 어림도 없다. 무엇보다 멋진 폼이 나오지 않는다. 시골에서 내 식으로 배운 개헤엄과 코칭을 통해 제대로 배운 수영은 확실히 달랐다.

기도 역시 비슷한 면이 있지 않을까. 많은 경우 자기 나름대로 열심히 산에서 소나무를 뽑아 가며 기도하고, 바위와 교회에서 밤을 새워 기도하였다. 나름대로 기도의 내공이 쌓이고 응답도 많이 받았다. 선배들의 기도 체험과 무용담을 '영적 삼국지'를 듣는 것처럼 가슴 졸이며 들었던 일이 많았다. 어느 선배는 소나무를 다섯 그루를 뽑았다는 둥, 한얼산기도원에서 기도하는데 회개 눈물과 콧물을 한 바가지 쏟았다는 둥… 그런 영적 무용담을 들을 때마다 왜 나는 그런 열심과 체험이 없나 생각하며 자책하였다. 산에서 소나무를 뽑고 칼바위에서 철야 하는 열정은 참으로 훌륭하다. 그러나 그것이 우리 기도의 전부인가에 대해서는 한 번쯤 생각해 봐야 할 것이다. 그런 야성과 열정은 필

야곱의 기도

요하지만, 그것이 기도의 전부는 아니기 때문이다.

수영을 제대로 배우려면 고수로부터 코칭을 받아야 한다. 수영법엔 나름대로 호흡법과 자세가 있다. 호흡과 자세를 배우지 못하면 수영을 제대로 할 수 없다. 개헤엄과 수영은 비슷하지만, 분명히 다르다. 기도 역시 이와 같다. 자기 경험을 통해서 배우는 것도 좋지만, 성경과 교회 역사를 통해서 배워야 제대로다. 열두 제자들은 기도에 상당한 경험과 식견이 있었지만, 예수님께 기도를 배우길 원했다. 개인의 체험보다 위대한 스승의 가르침은 더 소중하고 의미 있다. 예수님은 기도의 대가시며 영원한 스승이시다.

누구에게 기도하는가

제자들이 예수님께 기도를 가르쳐 달라고 요청했던 그 시대, 유대인들에게는 나름의 독특한 기도법이 있었다. 가장 일반적인 기도는 '쉐마'와 '시편 기도'다. 유대인들에게 오랫동안 전해 내려온 기도인 쉐마(the Shema)는 '너희는 들으라'는 뜻이다. 신명기 6장 4-9절 말씀을 기반으로 한 히브리인들의 신앙고백이요, 교육지침인 동시에 유대인의 기도문이다.

이스라엘아 들으라(쉐마 이스라엘) 우리 하나님 여호와는 오직 유일한 여호와이시니 너는 마음을 다하고 뜻을 다하고 힘을 다하여 네 하나님 여호와를 사랑하라 오늘 내가 네게 명하는 이 말씀을 너는 마음에 새기고 네 자녀에게 부지런히 가르치며 집에 앉았을 때에든지 길을 갈 때에든지 누워 있을 때에든지 일어날 때에든지 이 말씀을 강론할 것이며 너는 또 그것을 네 손목에 매어 기호를 삼으며 네 미간에 붙여 표로 삼고 또 네 집 문설주와 바깥 문에 기록할지니라(신 6:4-9)

유대인들은 매일 아침저녁에 쉐마를 암송하고 기도드렸다. 기도를 드릴 때는 그 내용(what)도 중요하지만, 더 중요한 것은 누구(who)에게 기도하는가이다. 쉐마는 기도란 오직 유일하신 여호와 하나님께 기도하라 한다. 탈무드에 유명한 랍비 엘리에제르(Eliezer)에 대한 이야기가 있다. 엘리에제르가 마지막으로 병상에 누워 죽음을 기다리고 있을 때, 제자들이 찾아왔다. 제자들은 스승이 곧 세상을 떠날 것을 알았다. 그래서 스승의 마지막 지혜로운 말을 들으려고 가까이 모여들었다. 스승은 제자들에게 기도에 대해 이렇게 말해 주었다.

"기도할 땐, 언제나 네가 누구 앞에 서 있는지를 깨닫도록 하여라!"[21]

---

21 솔로몬 B, 프리호프, 변순복 역,《유대인이 자녀들에게 가르치는 기도》(서울: 누가, 2016), 78p.

이 말은 후대에 기도에 대한 명언이 되어 많은 회당의 토라 함에 새겨졌다. 예배자들은 기도하기 위해 회당에 설 때면, 항상 이 랍비의 조언을 기억하며 여호와 하나님께 기도한다.

제임스 패커는 그의 책에서 '어떻게 기도할까'보다 '누구에 게 기도하는가'가 더 중요하다며 여덟 개의 "스위트 P's"로 하나 님의 성품을 소개한다.

하나님은 인격적이다(personal).

하나님은 복수(삼위일체) 하나님이다(pleural).

하나님은 완전하다(perfect).

하나님은 전능하다(powerful).

하나님은 목적을 갖고 있다(purposeful).

하나님은 약속을 지키는 분이다(promise-keeper).

하나님은 아버지다(paternal).

하나님은 찬양받기에 합당하다(praise-worthy).[22]

여덟 개의 P를 생각하면 하나님의 성품과 기도의 대상이 누 군지 좀 더 명확하게 알 수 있다.

예수님 당시에 유대인이라면 누구나 알 수 있는 기도가 있었 는데, 유명한 것이 카디쉬(Kaddish)와 18개 축복기도문이다. 카디

---

22 제임스 패커, 정옥배 역,《제임스 패커의 기도》(서울: IVP, 2008), 32-48p.

쉬는 카도쉬(Kadosh)라는 단어에서 유래하는데 뜻은 '거룩'이다. 카디쉬는 비교적 짧은 기도문으로 유대 회당에서 설교가 끝났을 때, 회중이 함께 낭송한 기도이다. 그 기도는 다음과 같다.

> 그분의 이름이 높여지고 거룩히 여겨지이다.
> 그분이 그분의 뜻에 따라 지으신 세상 안에서.
> 그분이 자신의 나라, 다스리심이 다스리게 하시길
> 너희의 생애에 그리고 너희의 날들에 그리고
> 이스라엘 집안 전체의 생애에. 신속히 그리고 조만간.
> 그분의 위대한 이름이 영원에서 영원까지 찬양되소서.
> 이에 대해 말하라. 아멘.[23]

이밖에도 카디쉬 기도는 소중한 사람이 죽은 후 1년 동안 예배에서 드려졌다. 카디쉬는 기본적으로 망자를 위한 기도문이다. 고인을 기억하며 존중하는 마음으로 드리는 카디쉬를 유족들은 회중들과 함께 예배 중에 드렸다. 1년이 지나면 고인의 기일에 카디쉬를 암송하는 전통이 있다. 이 기도를 드리며 유족은 죽은 것과 잃은 것에 대해 불평하는 것이 아니라, 그들이 한때 가졌던 것에 감사하게 된다. 모든 유대교 예배는 고인들을 기억하고 그들을 존경하는 카디쉬 기도로 끝난다. 그 기도는 다음과

23 김세윤, 《주기도문 강해》(서울: 두란노, 2000), 20p.

같다.

> 하나님은 생명의 근원이시며, 모든 선한 것의 원천이십니다.
> 그분은 우리에게 소중한 이들을 주셨고,
> 우리는 이 소중한 이들의 사랑을 기뻐하고,
> 그들의 돌봄을 통해 강해졌으며,
> 그들의 영향력으로 고결해졌습니다.
> 또 그분께서는 삶과 이 땅에서
> 친교의 마지막 때를 정하셨습니다.
> 때로는 그분의 목적을 헤아릴 수는 없을지라도
> 우리는 그분을 믿습니다.[24]

이 기도는 "옛날을 기억하라 역대의 연대를 생각하라 네 아버지에게 물으라 그가 네게 설명할 것이요 네 어른들에게 물으라 그들이 네게 말하리로다"(신 32:7)라는 말씀과 연결된다. 이 기도를 하면서 하나님이 우리에게 주셨던 소중한 가족이나 친구를 추억한다. 그 만남과 헤어짐의 추억이 슬픔이나 비통이 아니라, 하나님의 선물이었음을 고백한다. 비록 우리가 헤어짐의 아픔을 다 헤아릴 수 없어 몸부림칠지라도 하나님의 선하고 높은 뜻이 있음을 겸손히 인정하며 받아들인다. 결국 카디쉬 기도를

---

24 《유대인이 자녀들에게 가르치는 기도》, 169p.

드리며 "… 주신 이도 여호와시요 거두신 이도 여호와시오니 여호와의 이름이 찬송을 받으실지니이다"(욥 1:21)라는 욥의 심정으로 하나님을 진심으로 경외할 수 있게 된다.

유대인의 18번 축복 기도

유대인들은 하루에 세 차례 아침(샤카리트 Shacharit), 오후(민카 Mincha), 저녁(마아리브 Maariv)에 반드시 18개 축복 기도(תפלה, Tephillah, Shemoneh Esrei)를 드렸다. 언제부터 하루 세 번씩 기도하는 관습이 시행되었는지는 정확하게 알지 못한다. 단지 추측할 수 있는 것은 "저녁과 아침과 정오에 내가 근심하여 탄식하리니 여호와께서 내 소리를 들으시리로다"(시 55:17)라는 다윗의 시편과 다니엘이 하루에 세 번씩 규칙적으로 예루살렘을 향하여 창문을 열어 놓고 기도한 것(단 6:10)에서 엿볼 수 있다. 이 기도는 유대인들에게 가장 기본적인 기도이다.

이 기도를 테필로(Tefilo) 혹은 쉐모네 에스레(Shemone Esre) 혹은 아미다(Amidah)라 부른다. 테필로는 재판관에게 하는 특별한 '간청, 탄원'이란 뜻이다. 쉐모네 에스레는 '열여덟 번째'를 뜻하며, 아미다는 '서서 하는 기도'란 뜻으로 예배자들이 이 부분을 읊조릴 때 일어섰기 때문이다.[25] 김세윤 교수는 기도 내용을 다

---

25 《유대인이 자녀들에게 가르치는 기도》, 100p.

야곱의 기도

음과 같이 번역하였다.

① 주님, 우리 조상들의 하나님, 아브라함의 하나님, 이삭의 하나님, 야곱의 하나님, 전능하시고 무서우신 하나님, 하늘과 땅을 지으신 지고하신 하나님, 우리의 방패 그리고 우리의 조상들의 방패이신 하나님, 세대마다 우리의 의지할 분이신 당신을 축복하나이다. 아브라함의 방패이신 주님, 당신을 축복하나이다.

② 당신은 전능하셔서 교만한 자들을 겸손케 하시는 이시고, 강하시고 포악한 자들을 심판하시는 분입니다. 당신은 영원히 사시고 죽은 자들을 일으키시며, 바람을 불게 하시고 이슬을 내리시며, 산 자들에게 공급하여 주시고 죽은 자들을 살리시며, 단숨에 우리의 구원이 일어나게 하시는 분입니다. 죽은 자들을 살리시는 주님, 당신을 축복합니다.

③ 당신은 거룩하시고 당신의 이름은 경이로우시며, 당신 외에는 다른 신이 없습니다. 거룩하신 주님, 당신을 축복합니다.

④ 우리 아버지, 우리에게 당신으로부터 오는 지식을 주시고, 당신의 율법으로부터 오는 이해와 판단력을 주시옵소서. 지식을 주시는 주님, 당신을 축복합니다.

⑤ 주여, 우리를 당신께로 돌이키소서. 우리가 회개하겠나이다. 예전과 같이 우리의 날들을 새롭게 하소서. 회개를 기뻐하시는 당신을 축복합니다.

⑥ 우리 아버지, 우리가 당신께 죄를 지었사오니 우리를 용서하소서. 우리의 악행들을 지워 버리시고 당신의 시야에서 제거하소서. 당신은 자비가 풍성하십니다. 용서를 풍성히 베푸시는 주님, 당신을 축복합니다.

⑦ 우리의 고난을 보시고, 우리를 위해 호소하시며, 당신의 이름을 위하여 우리를 구속하소서. 이스라엘의 구속자이신 주님, 당신을 축복합니다.

⑧ 우리 하나님이신 주여, 우리의 심장의 아픔을 치유하시며, 슬픔과 탄식을 우리로부터 제거하시고 우리의 상처를 치유하소서. 당신의 백성 이스라엘의 병자들을 치유하시는 당신을 축복합니다.

⑨ 우리 하나님이신 주여, 우리를 위해 금년을 축복하시고, 금년의 모든 생산을 풍성하게 하소서. 우리의 최후 구속의 해를 빨리 가져오소서. 땅에 이슬과 비를 내려 주시고, 당신의 사랑의 보고로부터 세상을 만족케 하시며, 우리 손을 축복하소서.

해마다 축복하시는 주님, 당신을 축복합니다.

⑩ 우리의 해방을 큰 나팔을 불어 선포하시고, 깃발을 들어 흩어진 자들을 모으소서. 당신의 백성 이스라엘의 추방당한 자들을 모으시는 주님, 당신을 축복합니다.

⑪ 우리의 심판관(사사)들을 예전과 같이 회복시키시고 우리의 지혜자들을 처음과 같이 회복시켜 주소서. 오직 당신만이 우리를 다스리소서. 심판을 사랑하시는 주님, 당신을 축복합니다.

⑫ 그리고 배교자들에게는 소망이 없게 하시고, 교만한 나라는 빨리 우리의 생애에 뿌리 뽑히게 하소서. 그리고 나사렛 당원들과 이단자들을 빨리 망하게 하시고, 그들이 생명책에서 지워지게 하시며, 그들이 의인들과 함께 기록되게 하지 마소서. 교만한 자들을 겸손케 하시는 주님, 당신을 축복합니다.

⑬ 당신의 자비가 의로운 개종자들에게 풍성히 내리게 하시고, 당신의 기쁜 뜻을 행하는 자들과 더불어 우리에게 풍성한 상을 주소서. 의인들의 신뢰처이신 주님, 당신을 축복합니다.

⑭ 우리 하나님이신 주여, 당신의 풍성한 자비로 당신의 백성 이스라엘에, 당신의 도성 예루살렘에, 영광의 거처인 시온에,

당신의 의로운 메시아 다윗 가문 왕권에 자비를 베푸소서. 예루살렘을 세우시는 다윗의 하나님이신 주님, 당신을 축복합니다.

⑮ 우리 하나님이신 주여, 우리 기도의 음성을 들으시고, 우리에게 자비로우소서. 당신은 은혜롭고 자비로우시니이다. 기도를 들으시는 주님, 당신을 축복합니다.

⑯ 우리 하나님이신 주여, 시온에 기꺼이 거처하소서. 그리고 예루살렘에서 당신의 종들로 하여금 당신을 섬기게 하소서. 우리가 경외심으로 예배하는 주님, 당신을 축복합니다.

⑰ 우리 하나님이신 주여, 우리 조상들의 하나님을 찬양합니다. 당신이 우리에게 허락하시고, 우리에게 그리고 우리보다 앞선 우리의 조상들에게 행하신 모든 선하심과 은혜와 자비를 인하여 찬양하나이다. 우리가 실족하는 상황에 처해 있다고 하면, 오 주여, 당신의 은혜가 우리를 구출합니다. 오로지 선하신 주여, 당신을 축복합니다.
⑱ 당신의 백성, 이스라엘, 당신의 도성, 당신의 기업에 당신의 평화를 가져오소서. 그리고 우리 모두를 함께 축복하소서. 평

화를 이루시는 주님, 당신을 축복합니다.[26]

이 기도는 예수님 당시에 유대인들에게 널리 알려진 기도이다. 예수님의 제자들도 이 기도를 알고 있었다. 기도문에는 기도자의 신학적인 이해와 비전과 마음이 담겨 있다. 기도문은 일종의 비전선언문이며 신앙고백이다. 그러므로 기도를 들어 보면 그 사람의 신학과 생각을 알 수 있다. 기도는 자기의 신앙고백인 동시에 미래 비전이며 소원이다.

주의 기도

세례요한이 제자들에게 가르쳐 준 기도는 알 수 없다. 그러나 요한이 선포한 임박한 종말의 메시지를 보면, 요한의 기도는 종말론적인 기도로 절제와 금욕적인 내용을 담고 있었을 것으로 보인다. 예수님의 제자들은 유대인의 기도와 세례요한의 기도 사이에서 자기들은 무엇을 어떻게 기도해야 하는지 알고 싶었다. 그래서 예수님께 기도를 가르쳐 달라고 요청한 것이다.

예수님은 제자들의 요청에 따라 '주의 기도'를 가르쳐 주셨다. 예수님 당시에는 주의 기도와 18개 축복 기도가 함께 사용된 것으

---

26 《주기도문 강해》, 20-23p.

로 보인다. 일종의 과도기적 현상이다. 그러다 A.D. 66-70년까지의 유대 전쟁을 기점으로 초대교회와 유대교가 분리된다. 18개 축복기도문의 12번은 나사렛 당원들을 배교자로 지목하고 있다. 시간이 지나며 주의 기도가 교회에 유일한 기도로 자리 잡아갔다.

주의 기도는 당시 유대인들의 기도와 비슷한 부분도 있지만, 독특성도 있다. 카디쉬 기도에서 하나님을 '그분의 나라, 그분의 뜻'과 같이 3인칭으로 부르나 주의 기도에서는 2인칭 '당신', 곧 '우리 아버지'로 부른다. 하나님에 대한 호칭과 친밀감이 다르다.[27] 유대인들의 기도 특징은 자신들의 필요를 먼저 구하지만, 주의 기도는 자기의 필요보다 하나님의 나라와 의를 먼저 구한다. 주님의 기도는 종말론적 지향성(오리엔테이션)이 매우 강하다. 이처럼 유대인의 기도와 예수님의 기도는 비슷하지만 대조적인 면도 있다. 주님이 가르쳐 주신 기도는 다음과 같다.

하늘에 계신 우리 아버지여, 이름이 거룩히 여김을 받으시오며, 나라가 임하시오며 뜻이 하늘에서 이루어진 것같이 땅에서도 이루어지이다. 오늘 우리에게 일용할 양식을 주시옵고, 우리가 우리에게 죄지은 자를 사하여 준 것 같이 우리 죄를 사하

---

27 《주기도문 강해》, 61-64p. 18개 축복기도문의 1-3번은 찬양의 서문이고 17-18번은 결론이다. 4-16번은 청원 부분으로 4-9번은 일상적인 필요에 대한 청원이며 10-16번은 종말론적인 청원이다.

야곱의 기도

여 주시옵고, 우리를 시험에 들게 하지 마시옵고 다만 악에서 구하시옵소서. 나라와 권세와 영광이 아버지께 영원히 있사옵 나이다. 아멘.(참고, 마 6:9-13, 눅 11:1-4)

주의 기도의 가장 큰 특징은 하나님을 아버지, 즉 '아바(Abba)' 라 부른 것이다. 아바는 어린아이의 말이요, 가정의 언어이다. 우리나라로 치면 '아빠'와 같은 느낌이다. 지금까지 이스라엘 사람들은 이처럼 친밀한 표현으로 하나님을 부른 적이 없다. 자칫하면 신성 모독처럼 보일 수 있다. 그런데 예수님은 제자들에게 감히 하나님을 자애로운 아버지(아빠)로 가르쳐 주셨다. 복음서에 예수님은 이 호칭을 170회나 사용하신다.[28] 기도는 '인칭대명사의 문제'란 말처럼 하나님을 친밀하게 아빠라고 부를 수 있다면 이미 기도는 완성된 것이다. 사실상 기도 첫 부분에서 "하나님 아버지"를 부를 때의 친밀감 혹은 거리감에 따라 기도는 결정된 것이다. 기도할 때 진심으로 아빠 하나님을 부르며 기도해보자.

하나님 나라가 임하길 기도하는 것은 인간에게 가장 큰 소망을 불러일으킨다. 지금까지 세계는 여러 제국과 왕국을 건설했지만, 모두 전쟁과 피흘림뿐이었다. 이런 악한 땅에 하나님 나라

---

28 레오나르도 보프, 이정희 역,《주의 기도》(서울: 한국신학연구소, 1989), 53p. 마태복음 42회, 마가복음 4회, 누가복음 15회, 요한복음 109회이다.

가 임한다는 것은 하나님이 친히 다스리는 종말론적 왕국을 말한다. 하나님 나라가 이 땅에서 이루어지려면 하나님의 절대주권이 사람과 구조와 역사 속에 실제로 임해야 한다. 아우구스티누스의 말처럼 "하나님의 나라가 임하소서"라고 기도할 때, 우리가 요청할 것은 하나님의 뜻대로 "바르게 사는 은총"이다.[29] 바르게 사는 것은 십자가를 지는 길이며 섬김과 사랑과 순교의 길이다.

"일용할 양식을 주옵소서"란 기도는 주의 기도의 큰 전환점이다. 앞부분의 기도 방향성이 하늘을 향한다면, 양식을 구하는 기도의 방향성은 땅을 향한다. 일용할 양식은 생물학적이고 물질적인 현실 세계다. 사람은 음식 없이 살 수 없다. 일용할 양식이란 일차적으로 물질적 양식인 동시에 영적으론 하늘의 양식이 육체의 양식으로 변하는 성례전적 의미도 있다. 예수님은 오병이어 사건을 통해 육신의 양식을 먹여 주실 뿐 아니라, 생명의 양식도 주시는 분임을 분명히 가르쳐 주셨다.

> 너희 조상들은 광야에서 만나를 먹었어도 죽었거니와 이는 하늘에서 내려오는 떡이니 사람으로 하여금 먹고 죽지 아니하게 하는 것이니라 나는 하늘에서 내려온 살아 있는 떡이니 사람이 이 떡을 먹으면 영생하리라 내가 줄 떡은 곧 세상의 생명을 위

---

29 《주의 기도》, 109p.

한 내 살이니라 하시니라(요 6:49-51)

일용할 양식은 3-4대 자손 대대로 먹고살 축적된 많은 양식이 아니다. 말 그대로 하루치 양식이다. 그런데 각 사람에게 필요한 일용할 양식을 계량화하기란 쉽지 않다. 아이와 어른이 다르다. 솔로몬의 하루 양식은 상상할 수 없을 만큼 많다.

솔로몬의 하루의 음식물은 가는 밀가루가 삼십 고르요 굵은 밀가루가 육십 고르요 살진 소가 열 마리요 초장의 소가 스무 마리요 양이 백 마리이며 그 외에 수사슴과 노루와 암사슴과 살진 새들이었더라(왕상 4:22-23)

솔로몬의 양식은 가는 밀가루와 굵은 밀가루를 합하면 모두 90고르(cors)이다. 1고르는 약 220리터로 추정하는데, 밀가루 90고르면 약 2만 리터로 하루 약 1만4천 명이 먹을 수 있는 엄청난 양이다. 그리고 소가 30마리, 양이 100마리, 그 외 수사슴과 암사슴과 새들이 즐비하다. 이 많은 양식을 솔로몬이 혼자 먹었다는 것이 아니다. 이것은 그의 왕궁에 딸린 사람들의 양식이다. 어쩌면 일용할 양식도 개인이냐 집단이냐에 따라 다를 수 있다. 분명한 것은 일용할 양식이 얼마라고 규정할 수는 없지만, 지나치게 가난하지도, 부하지도 않은 적당한 양이다. 이것을 잠언은 이렇게 기도한다.

내가 두 가지 일을 주께 구하였사오니 내가 죽기 전에 내게 거절하지 마시옵소서 곧 헛된 것과 거짓말을 내게서 멀리 하옵시며 나를 가난하게도 마옵시고 부하게도 마옵시고 오직 필요한 양식으로 나를 먹이시옵소서 혹 내가 배불러서 하나님을 모른다 여호와가 누구냐 할까 하오며 혹 내가 가난하여 도둑질하고 내 하나님의 이름을 욕되게 할까 두려워함이니이다(잠 30:7-9)

사람이 복되게 살아가려면 일용할 양식도 중요하지만, 영적인 자유, 마음의 자유도 필요하다. 주의 기도 중에 "우리의 죄를 사하여 주옵소서"란 기도는 매우 중요하다. 용서는 헬라어로 아피에미(ἀφίημι, aphiemi)인데, 이것은 경제적으로 빚진 것을 탕감해 주라는 의미이다. 마태복음의 주의 기도는 경제적 표현인 부채라는 금전적 채무에 초점을 맞추고 있는데, 그것은 종교적 의미로서 범죄와 동의어로 간주되기도 했다.[30]

예수님은 나사렛 회당에서의 취임 설교(눅 4:18-19)를 하시며 죄 용서를 말씀하시고, "주의 은혜의 해"를 선포하신다. 여기에서 말씀하신 "주의 은혜의 해"는 모세에 의해 설정된 '안식년' 또는 '희년'을 의미한다. 예수님의 나사렛 등장은 두 가지 의미가 있다.[31] 첫째로 예수님의 공적 생애로서의 등장은 이사야 예

---

30 《주의 기도》, 157-158p. 누가복음 본문에서는 '결손' 혹은 '부채'를 '죄(sins)'로 번역하고 있다.
31 〈교회와 신학〉, 제XXIII집(서울: 장신대출판부, 1991), 96p, "예수의 '은혜의 해'(희년)

언(61:1 이하)의 직접적 성취이며 예수님 자신이 하나님의 '은혜의 해'(희년)를 선포하고 완성하는 분이라는 점이다. 둘째는 예수님의 활동과 사역의 범위가 유대를 넘어 이방인까지 확대된다는 점으로 구원의 우주적 보편성을 말한다. 결국 예수의 '은혜의 해' 선포는 희년의 선포이며, 주 기도는 희년의 기도인 것이다.

선포"-김지철.

✳

3장.
하나님께 설득당할 준비가 되어 있는가
　- 나를 변화시키는 기도

기도에 대한 가장 일반적인 정의는 '하나님과의 대화' 혹은
'영혼의 호흡'이다. 기도하며 하나님과 대화하고 있는가. 하나
님과 나 사이에 말이 잘 통하는가. 또 기도하면서 영혼이 숨 쉬고
있나. 기도한다면서 영혼이 여전히 질식 상태로 있지는 않은가.
이런 궁금증을 안고 기도를 네 가지 측면에서 살펴보려 한다.

기도란 하나님과의 대화이다[32]

키에르케고르(Kierkegaard, 1813–
1855)는 '기도는 하나님이 아니라, 기도하는 사람을 변화시킨다'[33]
고 말했다. 기도에 대한 적절한 정의이다. 기도는 하나님께 내
사정을 아뢰는 것만이 아니라, 하나님과 인격적으로 대화하는
것이다. 기도가 대화라면 기도하는 동안 하나님과 나 사이에 말
과 생각이 오고 갈 것이다. 대화하며 생각과 의견이 교환되면 더
좋은 결론에 이르게 될 것이다.

---

32 정용석 외,《기독교 영성의 역사》(서울: 은성, 1997), 43p. 기도에 대한 가장 보편적인
     이 정의는 존 크리소스톰(347–407)이 한 것이다(Hom,Gen,30,5). 말을 너무 잘해 '황금
     같은 입의 소유자'란 뜻의 크리소스톰(Chrysostom)이라 불렸다.
33 제임스 휴스턴, 김진우·신현기 역,《기도: 하나님과의 우정》(서울: IVP, 2003), 11p.
     필립 얀시, 최종훈 역,《기도》(서울: 청림출판, 2007), 271p.

기도는 대부분 말로 표현되는데, 많은 말보다 분명한 말이 더 중요하다. 말이 명료하지 않으면 알아들을 수 없다. 아빌라 테레사는 《영혼의 성》에서 미숙한 기도의 특징에 관해 이렇게 말한다. "내가 누구와 말하고 있는 중인지, 무엇을 구하고 있는지, 누가 누구에게 구하고 있는 것인지 알지 못하는 기도는 아무리 입술을 많이 놀린다 해도 기도라 부르지 않습니다."[34] 우리 기도가 때로 모호하거나 중언부언할 때가 많다. 대화가 아니라 나의 요구를 일방적으로 하나님께 아뢸 때가 많다. 우리는 응답받기 위하여 열심히 기도한다. 새벽기도, 철야기도, 금식기도로 기도의 열기가 점점 고조되어 가고, 하나님께 우리의 소원을 강력하게 아뢰는 것은 좋은 일이다.

그러나 우리는 기도하며 내 뜻은 바꾸지 않고, 오로지 하나님이 내 뜻대로 해주시기를 바랄 때가 많다. 우리는 마치 스피커의 볼륨을 점점 높여 가듯이 강도를 점점 높여 가며 하나님을 설득하거나 강요한다. 새벽기도에서 작정기도로, 작정기도에서 철야기도로, 철야기도에서 금식기도로 기도의 강도가 점점 더 강해진다. 때론 청원을 넘어 떼를 쓴다. 내 생각은 바꿀 마음이 조금도 없이, 오로지 하나님이 내 뜻대로 바꾸라고 요청한다. 만일 이런 기도라면 본질을 크게 벗어난 것이다.

좋은 기도엔 간절함과 뜨거움이 있다. 간절함이 없다면 기도

---

34 아빌라 테레사, 최민순 역, 《영혼의 성》(서울: 바오로딸, 2001), 28p.

야곱의 기도

가 되지 않는다. 뜨거움 없이 어떻게 밥에 뜸이 들겠으며, 라면인들 익겠는가. 간절함은 부르짖음과 눈물과 금식으로 나타나곤 한다. 그러나 정말 좋은 기도는 내 주장만 요구할 것이 아니라, 하나님의 뜻에 순종할 의지가 수반되어야 한다. 내 필요가아무리 절실해도 그것이 늘 옳은 것은 아니기 때문이다. 하나님의 뜻과 생각이 나보다 더 크고 높으며 옳다는 것이 기도의 대전제이다.

> 너희는 여호와를 만날 만한 때에 찾으라 가까이 계실 때에 그를 부르라 악인은 그의 길을, 불의한 자는 그의 생각을 버리고 여호와께로 돌아오라 그리하면 그가 긍휼히 여기시리라 우리 하나님께로 돌아오라 그가 너그럽게 용서하시리라 이는 내 생각이 너희의 생각과 다르며 내 길은 너희의 길과 다름이니라 여호와의 말씀이니라 이는 하늘이 땅보다 높음 같이 내 길은 너희의 길보다 높으며 내 생각은 너희의 생각보다 높음이니라(사 55:6-9)

이 전제가 없다면, 우리는 참된 기도를 할 수 없다. 그러므로 우리는 기도하면서 하나님의 선한 뜻을 구해야 하며 하나님의 뜻이라면, 언제라도 순종할 마음이 있어야 한다. 하나님께 기꺼이 순종할 의지, 이것이 바른 기도의 지름길이다.

예수님의 겟세마네 기도가 위대한 것도 그런 까닭이다. 겟세마네 기도는 예수님의 마지막 기도이다. 무릎으로 기도하실 때

천사가 하늘로부터 나타나서 예수님께 힘을 더하였다. 얼마나 간절히 기도하셨던지 땀방울이 땅에 떨어지는 핏방울같이 되었다. 그러나 무엇보다 중요한 것은 자기의 뜻보다는 하나님 아버지의 뜻을 구하는 기도를 하셨다는 점이다.

> 이르시되 아버지여 만일 아버지의 뜻이거든 이 잔을 내게서 옮기시옵소서 그러나 내 원대로 마시옵고 아버지의 원대로 되기를 원하나이다 하시니 천사가 하늘로부터 예수께 나타나 힘을 더하더라 예수께서 힘쓰고 애써 더욱 간절히 기도하시니 땀이 땅에 떨어지는 핏방울 같이 되더라(눅 22:42-44)

우리 기도에 진보가 없는 것은 하나님과 진솔하게 대화하지 못하기 때문은 아닐까. 진실한 대화가 되지 않는 이유는 하나님의 뜻에 순종할 마음이 없기 때문은 아닐까. 내 마음에 순종할 의지가 없는데 어떻게 진실한 대화가 되겠는가. 그러면 오가는 말이 겉돌 뿐이다. 우리 마음속에 그저 내 기도 청구서에 척척 싸인(sign)만 하시는 하나님을 기대하고 있지 않은가. 그러나 하나님은 때로 우리의 뜻을 꺾고, 다른 길을 제시하며, 더 높은 것을 보여 주신다. 그리고 하나님의 뜻에 순종하기를 요구하신다. 때로 기도가 진실하지 않은 것은 순종할 의지가 없기 때문이다.

로렌스는 자기 영혼에 기도의 영이 강하게 임했을 때, 이렇게 주님께 기도드렸다.

"오, 주님. 제 영혼의 여러 가지 기능을 더욱 크게 확장시키고 활짝 열어젖혀서 당신의 사랑을 담는 공간을 더욱 많이 확보할 수 있게 하소서."[35]

로렌스는 자기 이해의 폭을 넓혀 주시기를 기도한다. 자기가 기꺼이 하나님께 설득당할 순종의 의지가 있음을 고백한다. 진정한 기도는 내가 하나님을 설득하는 것이 아니라, 내가 하나님께 설득당하는 것이다. 진실한 대화라면, 그분에게 설득당하지 않을 수 없다. 그래서 키에르케고르는 "기도는 하나님이 아니라, 기도하는 사람을 변화시킨다"고 말했다.

소돔과 롯을 위한 아브라함의 중보기도는 하나님과 나눈 진지한 대화의 한 모형이다(창 18:16-33). 소돔과 고모라를 멸하시려는 하나님께 아브라함은 의인 50명에서 시작하여 10명에 이르기까지 진지하게 대화한다. 어떻게 보면 하나의 흥정(deal)처럼 보이지만, 그 안에는 롯을 향한 간절함이 배어 있다. 아브라함은 하나님께 강청하고, 반대로 하나님은 아브라함을 설득하신다. 그 진지한 대화 속에서 의인 10명까지 조율되었다. 결국 아브라함은 하나님의 뜻을 받아들인다. 안타깝게도 의인 10명이 없어서 소돔과 고모라는 망하고 말지만, 그 대화가 무의미한 것은 결코 아니었다. 하나님은 아브라함을 기억하셔서 유황 불구덩이

---

35 《하나님의 임재연습》, 169p.

속에서 롯을 살려 내셨다(창 19:29). 이것이 진솔한 대화, 기도의 힘이다. 참된 기도는 하나님을 감동시킬 뿐 아니라, 나아가 기도하는 사람 자신을 변화시킨다.

우리의 기도가 자칫하면 자기의 의지 강화나 자신을 세뇌시키는 작업이 될 수도 있다. 하나님의 뜻이 분명한데도 그것을 무시하고 똑같은 기도를 무작정 반복한다면, 그것은 자신의 의지를 강화하여 하나님께 저항하는 일이다. 진정한 기도란 하나님께 드리는 청구서가 아니다. 기도는 하나님과 나누는 인격적인 대화이다. 그 과정에서 하나님과 나는 서로 진지하게 생각과 뜻을 공감하며 조율한다. 하나님은 나의 간절함을 아시고, 나는 하나님의 사랑과 뜻을 알아 간다. 진실한 기도는 무게중심이 점점 나에게서 하나님께로 넘어간다. 그리고 마침내 내 뜻보다 하나님의 뜻이 이루어지길 바란다. 기도의 결론은 언제나 내가 아닌 하나님이 내린다. 그것에 기꺼이 순종할 의지가 있을 때 진정한 기도가 된다. 그러기에 부르짖는 기도도 중요하지만 듣는 기도가 더 중요하다.

**기도란 마음의
문을 여는 것이다**

4세기 위대한 교부이자 설교가인 존 크리소스톰(John Chrysostom, 347-407)은 "마음의 문을 찾으

라. 그리하면 그것이 곧 하나님 나라의 문이라는 사실을 깨달을
것이다"[36]라고 말했다. 기도는 하나님과의 만남이다. 기도가 메
마른 까닭은 하나님과 내가 마음과 마음으로 만나지 못하기 때
문이다. 기도할 때 말은 많은데 마음은 열지 않기 때문이다. 우
리의 대화 중에도 립서비스가 얼마나 많은가? 누군가와 오랜 대
화를 나누었지만, 막상 헤어질 때 뭔가 마음이 허전했던 적이 있
다. 우리는 기도에서도 비슷한 경험을 한다. 충만한 기쁨보다는
허전한 마음을 가누지 못할 때가 있다. 그 이유가 진정한 마음의
대화가 없었기 때문은 아닐까.

　기도의 시작은 마음의 문을 여는 것이다. 마음의 문을 열지
않으면, 그저 소리만 오갈 뿐이다. 우리 대화도 마음의 문이 열
려야 진짜 대화가 된다. 그전까지는 아무리 많은 말을 해도 그냥
소리만 오고 갈 뿐이다. 말이 많다고 대화가 잘된 것은 아니다.
진정한 대화는 서로가 마음의 문을 열 때 비로소 시작된다. 하나
님과의 대화 역시 그렇다. 중언부언하는 많은 말보다 마음의 문
을 연 대화가 필요하다. 예수님도 중언부언 기도하지 말라고 말
씀하셨다.

너는 기도할 때에 네 골방에 들어가 문을 닫고 은밀한 중에 계
신 네 아버지께 기도하라 은밀한 중에 보시는 네 아버지께서

---

36 《기도: 하나님과의 우정》, 15p.

갚으시리라 또 기도할 때에 이방인과 같이 중언부언하지 말라 그들은 말을 많이 하여야 들으실 줄 생각하느니라 그러므로 그들을 본받지 말라 구하기 전에 너희에게 있어야 할 것을 하나님 너희 아버지께서 아시느니라(마 6:6-8)

문제는 내가 내 마음을 잘 모르는 것이다. 우리는 종종 '도대체 마음을 종잡을 수 없어', '내 마음이 내 맘대로 안 돼'라고 말한다. 그것은 내가 마음의 문(門)을 알지 못하기 때문이다. 안다 해도 마음을 통제하지 못하기 때문이다. 마음을 다스리기가 얼마나 어려운지, 성경은 "노하기를 더디하는 자는 용사보다 낫고 자기의 마음을 다스리는 자는 성을 빼앗는 자보다 나으니라"(잠 16:32)고 말씀한다.

기도가 점점 깊어지면 의식 세계에서 무의식 세계로 들어가는 문이 열린다. 즉 마음속에 숨겨진 비밀스러운 문을 알아 가게 한다. 마음의 문을 찾으면, 마음의 중심을 찾아갈 수 있다. 로렌스는 잡다한 생각으로 마음이 혼란스러운 것은 사람에게 당연한 일이라 한다. 그러기에 변덕스럽고 흐트러진 마음을 추슬러 하나님께로 나아가라 한다. 혼란스럽고 방황하는 마음을 고요하게 길들이는 첩경은 자기 허물을 인정하고 하나님 앞에 자기를 겸손히 낮추는 것이다. 마음이 흐트러질 때마다 의지를 활용하여 우리 마음을 부드럽게 하나님 앞으로 불러들여야 한다.[37] 흔히 현관 앞에서 사람을 만나듯이 우리는 마음의 문에서 하나님의 임재를 경험한다.

다른 사람에게는 결코 열어 주지 않던 문을 나에게만 열어 주는 사람이 있다면, 그 사람이야말로 진정한 친구일 것이다. 마음의 문을 열어 주는 사람이 진정한 친구다. 마음의 문을 열지 못하는 것은 서로 신뢰하지 않기 때문이다. 마음의 문을 열지 않고는 누구도 하나님을 만날 수 없다. 찬송가 '죄짐을 지고서 곤하거든' 3절 가사를 음미해 보자.

> "진실한 친구를 원하거든 네 맘속에 주 영접하며
> 네 맘에 평안을 원하거든 네 구주를 영접하라
> 의심을 다 버리고 구주를 영접하라
> 맘 문 다 열어 놓고 네 구주를 영접하라"
> _ 찬송가 538장 3절

당신이 기도하며 하나님 앞에 마음의 문을 완전히 열어 놓았던 경험은 언제인가. 기도하면서 누구나 경험하는 일이지만, 나 역시 마음의 문을 쉬이 열지 못하던 때가 있었다. 대학 시절, 구원의 확신도 있었고, 하나님을 사랑한다는 고백도 수없이 하였

---

37 《하나님의 임재연습》, 54-55p.

다. 그런데 기도하다 보면, 어느 순간 기도가 딱 멈춰 서는 것을 느끼곤 하였다. 기도가 더 이상 깊은 곳으로 들어가지 못했다. 마치 유리벽 같았다. 뭔가 보일 듯한데 기도가 더 깊숙한 곳으로 들어가지 못했다. 내 마음의 현관도 열었고, 안방 문도 열었는데, 마지막 남은 골방의 문은 열지 못하겠다는 느낌이었다.

돌이켜보면, 그 마지막 문은 어쩌면 내가 목회자가 될지도 모른다는 막연한 두려움과 부담이었다. 어느 날, 뜨겁게 기도하는데 나도 모르게 성령의 힘에 이끌리어 마지막 마음의 문이 활짝 열리는 것을 경험하였다. 그때의 심정은 '하나님 제가 다 알 수 없지만, 하나님이 저보다 저를 더 잘 아십니다. 제 미래를 더 잘 아십니다. 저보다 저를 더 사랑하십니다. 하오니 하나님의 뜻대로 인도하여 주십시오'라는 순종과 확신이었다. 그 기도 이후로 불확실한 미래에 대해 두려움이 사라지고 미래에 대해 담대해질 수 있었다. 마음의 문을 열었을 때, 기도가 깊어지고 높아졌음을 깨닫는다. 기도는 마음의 문을 찾는 것이다. 마음의 문을 찾고 열면, 바로 그곳에서 하나님을 만날 수 있다.

"항상 진실케"라는 복음성가가 있다. 가사에 보면 "주는 토기장이 나는 진흙 날 빚으소서 기도하오니 항상 진실케 내 맘 바꾸사 하나님 닮게 하여 주소서"라는 내용이 나온다. 찬양을 듣고 부르다 보면 하나님 뜻에 따라 나를 써 달라고 고백하게 된다. 마음의 문을 열게 된다. 오늘, 조용히 이 찬양을 읊조리며 하나님 앞에 마음의 문을 여는 기도를 해보길 바란다.

기도란 원초적 언어이며
절규다

　　　　　　　　　　　　뭉크의 "절규"(The Scream, 1893)
란 그림이 있다.[38] 빨갛게 타오르는 석양을 배경으로 외계인같
이 괴기한 얼굴의 누군가가 두 손으로 귀를 막고 부르짖고 있
다. 너무 강렬한 인상이어서 한번 보면 결코 잊을 수 없다. 그
림의 배경은 오슬로의 에케베르그 언덕인데, 뭉크는 이곳을
배경으로 "절망", "절규", "불안"이란 그림을 그렸다. 뭉크가 에
케베르그 언덕을 강박적으로 계속 그린 이유는 어머니, 누나,
아버지의 장례식을 한 곳이기 때문이다. 또 사랑하는 여동생
라우라가 입원한 정신병원도 언덕 근처에 있었다. 에케베르그
언덕은 뭉크에게 큰 아픔이 깃든 곳이다. 어느 날 뭉크는 이 언
덕에서 핏빛처럼 타오르는 석양을 보며 가슴 깊숙한 곳에 있
던 두려움을 "절규"로 그려 낸 것이다. 그림엔 뭉크의 본능적인
절규가 잘 드러나 있다.

　　기도는 원초적인 언어(Primary Speech)이며 절규다. 원초적 언

38　뭉크의 대표작인 "절규"는 파스텔화, 석판화 형태 등으로 30종의 다른 그림이 있
　　다. 뭉크는 "절규"를 그리게 된 심경을 이렇게 말했다. "어느 날 저녁, 나는 친구 두
　　명과 함께 길을 따라 걷고 있었다. 한쪽에는 마을이 있고 내 아래에는 피오르드
　　가 있었다. 나는 피곤하고 아픈 느낌이 들었다. … 해가 지고 있었고 구름은 피처
　　럼 붉은색으로 변했다. 나는 자연을 뚫고 나오는 절규를 느꼈다. 실제로 그 절규
　　를 듣고 있는 것 같았다. 나는 진짜 피 같은 구름이 있는 이 그림을 그렸다. 색채
　　들이 비명을 질러 댔다."

어란 현재 자기의 본능적인 느낌이나 상황에 대한 반응이다. 아프면 아프다고, 배고프면 배고프다고, 좋으면 좋다고, 미우면 밉다고 말하는 것이다. 하나님은 모든 사람 안에 원초적이고 본능적인 삶의 욕망을 심어 놓으셨다. 우리가 본능적인 삶의 욕망을 위해 기도할 때, 대개 원초적 언어와 절규로 표현된다. 원초적 언어란 우리가 느끼고 생각하는 것을 포장하지 않고 있는 그대로 말하는 것이다. 원초적 언어는 마음속 깊은 곳의 언어로 말초신경을 자극하는 언어와는 다르다.

하나님은 우리의 모든 소리를 들으신다. 말로 드리는 기도, 마음으로 드리는 기도, 소리로 표현할 수 없는 마음의 갈망, 탄식과 신음까지도 들으신다. 이스라엘 백성들이 애굽에서 강제노동에 시달리며 뱉은 탄식 소리가 하나님께 상달되었다. 하나님은 그들의 신음을 들으시고 아브라함과의 언약을 기억하셨다 (출 2:23-24). 일차적으로 좋은 기도란 자기의 현재 느낌이나 상황을 있는 그대로 솔직하게 하나님께 아뢰는 것이다.

원초적 언어와 절규는 느끼는 그대로의 날것이기에 점잖지 않고 세련되지 못할 수 있다. 어떤 이는 그것은 기도가 아니라 감정표출이라고 말할 것이다. 그럴 수 있다. 그러나 우리 기도가 무기력한 이유는 너무 세련되기 때문은 아닐까. 언제부터인지 많은 기도가 세련된 언어와 교양적인 표현으로 드려진다. 좋은 일이지만, 이상하게도 우아하게 포장되고 다듬어진 기도엔 힘이 없어 보인다. 기도에 매끄러움은 있지만, 야성(野性)과 뜨거움과 간절함이 없다. 반면, 원초적 언어와 절규의 기도는 거칠고 투박하지만, 뜨거움과 간절함이 있다.

혹 개척교회를 섬겨 본 이들은 비닐 장판이 깔린 천막 개척 교회에서 밤새 뜨겁게 기도하던 경험이 있을 것이다. 나도 청년 때, 천막 교회에서 친구들과 철야 기도하던 일이 생생하다. 그때 마음의 뜨거운 불이 원초적인 언어로 쏟아져 나왔다. 눈물과 콧물로 기도했다. 그러나 언제부터인지 단순하고 투박했던 뜨거운 기도에 기름이 끼기 시작했다. 투박한 기도는 무식한 것처럼 보이고, 세련된 기도가 좋은 것처럼 보이기 시작했다. 세련된 기도가 결코 나쁜 것도 아니고, 투박한 기도라고 다 좋은 것도 아니다. 다만 우리의 기도가 세련된 언어로 정제되면서 원초적 언어로 쏟아 놓던 간절함과 뜨거움이 증발한 것은 아닌가 싶다.

기도는 대부분 필요와 욕구(欲求)로 인해 시작된다. 욕구는 대개 원초적 언어로 표현된다. 인간의 욕망은 성공과 성적인 욕구 같이 본능적인 것부터 고상한 영적 성숙까지 다양하다. 매슬로 (Maslow)는 인간의 욕구를 5단계로 설명한다. 1단계 생리적 욕구, 2단계 안전과 보호의 욕구, 3단계 애정과 소속의 욕구, 4단계 자기 존중과 인정의 욕구, 5단계 자아실현의 욕구이다. 욕구를 구하는 기도는 대부분 원초적인 말로 표현된다. 이때 중요한 것은 욕구 표현의 언어가 가식적이면 안 된다. 자기만의 원초적인 언어로 있는 그대로 말하는 것이 중요하다. 꾸며진 언어나 가공된 언어의 기도는 공허한 기도가 되기 쉽다. 폼 잡고 거룩하게 기도하는 바리새인의 기도보다, 가슴을 치며 불쌍히 여겨 달라는 세리의 기도를 하나님이 받으셨다(눅 18:9-14).

뜨거운 욕구로 시작하는 기도는 펄펄 끓는 물 같다. 그 뜨거움은 흔히 원초적 언어로 직설적이고 부르짖는 절규로 나타난다. 직설적인 표현이 때로 남에게 피해를 줄 수 있다. 기도가 거칠고 이기적이라 비난받을 수도 있다. 그러나 염려할 필요는 없다. 오히려 문제는 우리가 그렇게 뜨겁게 기도하지 못하는 데 있지 않은가. 하나님은 우리 인간의 욕망을 아신다. 처음엔 원초적인 기도를 보면 저것도 기도인가 하겠지만, 기도하면 할수록 점점 기도가 다듬어지고 깊어진다. 피아노를 치면서 피아노 연주법을 배워 가듯이 기도를 하면서 기도를 배워 간다. 본능적인 기도에서 영적인 기도로 점점 성숙해진다. 혹 우리가 부족하면 성령님이 우리 연약함을 불쌍히 여겨 친히 간구해 주신다(롬 8:26).

좋은 기도란 마음속에 있는 본능적 욕구를 솔직히 하나님께 아뢰는 것이다. 그러면 하나님은 기도를 통해 우리의 거친 욕구를 정화시켜 나간다. 내 필요 중심에서 하나님의 뜻으로, 본능적인 욕구에서 영적인 것을 찾는 갈급함으로 나아가게 한다. 기도하면서 나의 본능적 욕구가 신령한 것으로 변하는 것을 종종 경험한다. 기도엔 성령님이 역사하기에 본능적 욕구를 정화하는 힘이 있다. 이런 과정을 통해 기도란 단순히 자신의 욕구를 아뢰는 원초적 언어가 아니라, 우리 안에서 일하는 하나님의 원초적

야곱의 기도

실존임을 깨닫게 된다.[39] 우리는 본능적인 삶의 욕망을 위해 기도하지만, 하나님은 그 원초적 부르짖음 속에서 우리를 만나 주신다. 그런 기도를 통해 하나님과 우리의 만남은 점점 깊어져 간다.

> 너는 내게 부르짖으라 내가 네게 응답하겠고 네가 알지 못하는
> 크고 은밀한 일을 네게 보이리라(렘 33:3)

기도란 실에
구슬을 꿰어 가는 것이다

"구슬이 서 말이라도 꿰어야 보배"라는 속담이 있다. 많은 교인을 만나며 느끼는 것은 신앙생활을 십여 년 한 사람이라면 그들 안에 이미 세 말 이상의 구슬이 있다는 것이다. 열심 있는 교인이라면 일주일에 설교를 열 번 정도는 듣는다. 주일 낮과 저녁 예배, 수요예배, 새벽기도회, 구역예배를 합치면 열 번이 된다. 일 년이면 500여 번의 말씀을 듣는다. 설교 외에도 다양한 성경 공부와 제자훈련과 간증도 듣는다. 그 하나하나가 말씀의 구슬이다. 이미 우리 안에는 수백 수천의 말씀의 구슬이 있다. 성 삼위 하나님과 구원에 대한 지식, 천국과 지옥, 전도와 봉사, 기도, 바람직한 인간관계 등 우리 안

---

39 앤 울라노프, 배리 울라노프, 박성규 역, 《기도의 심리학》(서울: 은성, 2002), 49p.

에는 이미 말씀의 구슬이 흘러넘친다.

이처럼 수많은 말씀의 보배가 있음에도 성숙하지 못한 이유는 무엇일까? 솔직히 우리가 말씀과 하나님의 뜻을 몰라서 순종하지 못하는 것이 아니다. 성숙하지 못한 것 또한 성경 지식의 부족 때문이 아니다. 문제는 많이 알고는 있는데 그것이 자기 것으로 정리되지 못했기 때문이다. 방안에 구슬이 한두 개 있을 때는 별문제가 없지만, 수백 개가 흩어져 굴러다니면 정신이 없다. 걸려 넘어지고 미끄러진다. 신앙생활도 비슷하다. 우리가 성숙하지 못한 이유는 성경 지식의 부족이 아니라, 너무 많은 지식이 정리되지 않은 채 흩어져 있기 때문이다.

퍼즐 조각이 적으면 바로 그림을 맞춘다. 그러나 조각이 수백 개가 넘으면 쉽게 맞추지 못한다. 조각이 너무 많으면 감당하지 못한다. 캐나다 구엘프 영성 훈련센터에서 40일 침묵 기도 훈련을 할 때, 종종 휴게실에서 퍼즐 맞추기를 하였다. 수백 개의 퍼즐 조각 그림을 틈틈이 맞추었지만, 쉽지 않았던 기억이 있다. 다다익선이란 말이 있지만, 자기가 감당할 만큼 있어야 좋은 것이다. 감당하지 못할 만큼 많으면 오히려 독이 된다. 많은 조각은 그림을 맞추어 가는 즐거움보다는 오히려 혼란만 일으킨다.

신앙도 이와 비슷하지 않을까. 성경 지식이나 훈련이 적당하면 좋지만, 지나치게 많으면 오히려 해가 된다. 음식이 맛있다고 과식하면 배탈이 나듯이 우리 영혼도 비슷하다. 소화능력 이상으로 과잉 섭취하면 탈이 난다. 오늘 우리의 고민은 성경 지식의 부족보다는 너무 많은 데 있다. 곧 과잉의 문제이다. 소화하고 정리할 수 없을 만큼 지나치게 많기에 오히려 혼란을 겪는 것이다.

우리 안에 있는 수많은 구슬을 어떻게 꿰어 갈 수 있을까? 문제는 구슬은 많은데 꿸 실이 없다는 것이다. 필자는 그 실을 기도라 생각한다. 우리는 가끔 '기도의 줄이 잡힌다' 혹은 '잡히지 않는다'고 말한다. 기도에 무슨 줄이 있느냐고 반문하지만, 그 의미를 아는 사람은 안다. 분명 기도가 줄이 잡힐 때가 있고, 그렇지 않을 때도 있다. 기도의 줄을 잡는 방법은 사람마다 다르지만, 가장 좋은 방법은 '렉시오 디비나(Lectio Divina)' 곧 '말씀묵상기도'이다.

말씀묵상기도는 마치 누에고치가 실을 자아내는 것과 같다. 누에고치는 비단실 덩어리이다. 고치 그대로는 실로 쓸 수 없다. 고치를 실로 만들려면 물레로 고치를 자아내야 한다. 물레를 천천히 돌려 가며 실을 자아내는 것은 말씀 묵상과 비슷하다. 우리 안에는 수많은 말씀이 얽혀 뭉쳐 있다. 실이 아무리 많아도 얽혀있으면 사용할 수 없다. 관건은 그 실을 하나씩 풀어 가는 것이다. 그럴 때 좋은 방법이 말씀묵상기도다. 말씀을 묵상하다 보면, 자기 안에서 무언가 정리되는 것을 느낀다. 얽히고설킨 실타래가 풀리듯이 자기만의 생각이 정리된다. 자기 것으로 정리된 생각은 강력한 힘을 갖는다. 부드럽지만 강하고 질긴 비단실과 같다.

비유컨대, 기도는 얽히고설킨 실타래를 풀어 가는 것이다.

기도는 자기만의 독특한 실을 자아내는 것이다. 기도로 자아낸 실로 흩어진 구슬들을 하나둘 꿰어 가야 한다. 기도가 깊어지면 잡다한 생각들이 가지런히 정리된다. 자기 것으로 정리된 생각과 논리가 생기고, 자기만의 독특한 향과 색이 만들어진다. 묵상은 복잡하고 혼잡한 것을 단순하게 만드는 신비한 힘이 있다. 조이 도우슨(Joy Dawson)은 《하나님의 음성을 듣는 삶》에서 1온스(28.34그램)의 묵상은 1톤의 암송과 같은 가치가 있다고 말한다.[40]

그림의 가치는 크기보다 그 그림만의 독특성에 달려 있다. 아무리 그림이 커도 주제가 명확하지 않으면 명화가 될 수 없다. 추사 김정희가 귀양지 제주도에서 그린 "세한도"의 크기는 가로세로 길이가 23.3 × 108.3센티미터이다.[41] 제자 이상적의 변함없는 의리에 대한 고마움을 세한송(歲寒松)에 비유한 그림이다. 세한도가 명작인 것은 그림이 크기 때문이 아니라, 군더더기 없이 단출하고 농밀하며 그림과 글씨가 조화롭기 때문이다.

기도 역시 그러하다. 시간과 말의 양도 중요하지만, 그보다 더 중요한 것은 기도가 얼마나 농밀하게 자기의 것으로 정리되느냐의 문제이다. 기도가 깊어지고 단순해지면 영혼과 인생의 얽히고설킨 실타래들이 단출하게 정리된다. 선배들의 말처럼, 기도의 줄이 명료하게 잡히면 그 줄로 우리 인생 문제들을 하나

---

40 조이 도우슨, 방원선 역, 《하나님의 음성을 듣는 삶》(고양: 예수전도단, 2012), 66p.
41 추사 김정희가 59세에(1844년) 제주도에서 그린 것으로 국보 180호이다.

둘 꿰어 갈 수 있다. 기도의 줄로 구슬을 꿰어 가노라면, 동그라 미든 세모든 네모든 자기만의 독특한 모습으로 정리된다. 기도 가 단순해지면 자기 인생이나 문제들도 함께 정리되는 신비를 맛보게 된다. 기도란 말씀이란 실에 자기만의 구슬을 꿰어 가는 것이다.

창세기에서 대표적인 기도의 사람은 야곱이다. 야곱은 아주 특별한 의미를 갖는 세 번의 기도를 한다.

첫째는 창세기 28장의 하늘사다리 꿈과 기도이다. 형 에서의 분노를 피해 하란 외갓집으로 도망하던 밤에 돌베개를 베고 자다가 꿈을 꾼다. 땅에서 하늘 꼭대기까지 닿은 사다리를 보며 하늘에 계신 하나님을 뵙는다. 잠에서 깨어난 야곱은 돌베개에 기름을 붓고 벧엘이라 부른다. 그곳의 본래 이름은 아몬드를 뜻하는 '루스'였는데, '하나님의 집'이란 뜻의 '벧엘'로 바뀐 것이다. 야곱이 본 하늘사다리는 무엇일까? 사다리는 사람이 오를 수 없는 곳을 오르게 한다. 야곱은 하늘사다리를 통해 땅에서 하늘에 계신 하나님을 만나 뵈었다. 사다리에 대한 탁월한 해석 중 하나가 '렉시오 디비나'이다. 실제적인 렉시오 디비나는 사막교부들로부터 유래하는데 그것을 가장 잘 정리한 이가 귀고 2세다.[42]

둘째는 20년의 세월이 지난 후 드린 얍복강에서의 기도다(창 32장). 외삼촌 라반의 속임과 학대를 견디지 못하고 고향으로 돌아가는 야곱 앞에 형 에서가 나타난다. 에서는 20년간 복수의 칼

---

42 이경용, 《말씀 묵상 기도》, 49-51p. 귀고 2세는 12세기에 프랑스 카르투지오회 수도원의 원장을 지낸 인물로 동료에게 쓴 편지에서 렉시오 디비나에 대해 설명하고 있다.

야곱의 기도

을 갈며, 400여 명의 군사와 함께 야곱을 기다리고 있다. 야곱은 얍복강을 건너지도 못하고 머물지도 못하는 진퇴양난에 처한다. 앞에는 에서와 400여 명의 군사가 있고, 뒤에는 외삼촌 라반과 사촌 형제들이 몽둥이를 들고 쫓아온다. 그 절체절명의 순간에 야곱은 얍복강 기도를 한다. 아니 하나님이 야곱을 홀로 남겨두시고 얍복강 기도의 외통수로 몰아가셨다. 이 부분은 본서에서 야곱의 얍복강 기도와 기도의 네 가지 의미로 설명하겠다.

셋째는 창세기 49장에서 야곱의 12자녀를 위한 예언과 축복기도이다. 야곱은 죽기 전에 열두 아들을 불러 그들이 후일에 당할 일과 12지파의 미래를 예언하며 축복기도해 준다. 야곱은 젊어서 형 에서의 옷을 입고 아버지 이삭을 속여 축복기도를 받은 경험이 있다. 그러기에 축복기도가 무엇인지 잘 안다. 고생은 하였지만, 아버지 이삭의 축복기도가 자기 일생을 통해 어떻게 성취되었는지 잘 알고 있다. 그러기에 마지막 순간 열두 아들을 불러놓고 사력(死力)을 다해 그들에게 예언과 축복기도를 한다. 야곱의 이 기도는 후에 12지파의 미래를 보여 주는 중요한 기도이다.

세 기도 가운데 가장 중요한 것이 얍복강 기도다. 이 기도를 통하여 하나님은 야곱을 온전히 만나 주셨고, 야곱을 이스라엘로 바꾸어 주셨기 때문이다. 얍복강 기도는 야곱의 일생에 결정적인 전환점이다. 얍복강 기도가 없었다면 이스라엘도 없다. 이제 얍복강 기도가 담고 있는 기도의 네 가지 의미를 살펴보자.

✳

4장.

왜 기도하는가

    - 기도란 응답받기 위해 하는 것

당신은 왜 기도하는가

기도 강의를 할 때마다 나는 회중을 향해 이렇게 질문한다. "당신은 왜 기도하십니까?" 기도에서 가장 중요한 것은 '무엇을'도, '어떻게'도 아니고 '왜'이다. 많은 이들은 이 질문에 대해 하나님의 뜻을 알고 싶어서, 하나님과 더 깊이 교제하려고, 말씀을 묵상하려고, 하나님 은혜를 구하려고, 마음이 답답해서, 하늘의 평안을 맛보고 싶어서 등 여러 이유를 말한다. 모두 다 옳다. 그런데 만약 내가 이런 질문을 받는다면 나는 이렇게 답할 것이다.

"왜 기도하냐고요? 기도 응답받으려고요!"

엄밀한 의미에서 기도 응답을 전제하지 않는 기도는 기도가 아니다. 우리는 얼마든지 하늘을 향해 소리 지를 수 있고, 두 손을 모을 수 있고, 머리를 조아릴 수도 있다. 그러나 기도 응답을 전제하지 않는 기도는 공염불에 불과하다. 허공에 말을 뿌리는 것이며, 푸념과 독백에 불과하다.

한 순례자가 예루살렘에 갔다가 통곡의 벽에 서서 기도하는 경건한 유대인을 보았다. 유대인은 두 눈을 꼭 감고 몸을 앞뒤로 흔들며 뭔가를 열심히 기도하고 있었다. 가끔 가슴을 치며 손을 높이 쳐들기도 하였다. 기도를 끝낸 유대인에게 순례자가 물었다.

"무슨 기도를 그렇게 열심히 하셨습니까?"

"착하게 살도록 도와달라고 기도했지요. 식구들의 건강을 위해서 그리고 세계 평화, 특히 예루살렘의 평화를 위해 간구했지요."

"그렇게 기도하면 뭐가 좀 달라집니까?"

유대인이 말했다.

"글쎄요… 벽에다 대고 소리치는 것뿐이죠."[43]

혹시 우리도 이렇게 기도하고 있지 않은가.

야곱은 얍복강에서 기도하기 전에 심각한 위기에 빠져 있었다. 앞에는 칼을 든 형이 뒤에는 몽둥이를 들고 쫓아오는 외삼촌 라반과 사촌들이 있었다. 그 위기의 순간에 야곱은 하나님께 이렇게 기도한다.

> 내가 주께 간구하오니 내 형의 손에서, 에서의 손에서 나를 건
> 져내시옵소서 내가 그를 두려워함은 그가 와서 나와 내 처자들
> 을 칠까 겁이 나기 때문이니이다(창 32:11)

야곱은 에서에게서 죽음의 공포를 느낀다. 형이 20년 전의 원한을 잊지 않고 기다리다 이제 궁지에 몰린 자기와 처자식을

---

43 필립 얀시, 《기도》, 203p.

모두 죽이려 든다고 생각했다. 그는 지금 겁에 질려 있고 두려움에 떨고 있다. 이 절박한 순간에 야곱의 기도는 단순했다. "제발 저를 좀 살려 주세요"란 것이다.

우리도 인생을 살다 보면, 몇 번은 "제발 나 좀 살려 주세요"라고 기도하게 된다. 중병에 걸렸을 때, 사업이 쫄딱 망해 빚 독촉을 받을 때, 자녀가 속 썩일 때, 믿었던 사람의 배신으로 분노가 가득할 때, 평생 쌓아 올린 공든 탑이 무너져 내릴 때, 어느 날 갑자기 찾아오는 까닭 모를 깊은 허무로 몸부림칠 때. "하나님 나 좀 살려 주세요"란 절규가 쏟아져 나온다. 이런 부르짖음은 원초적 언어다. 이것이 가장 좋은 기도이고 솔직한 기도다. 지금 야곱은 얍복강가에서 원초적인 언어로 부르짖으며 기도한다.

기도는 한마디로 매달리기이다. 종교개혁자 루터가 마지막 남긴 말은 "우리 모두는 거지다. 그것은 사실이다."[44] 였다. 그리고 이틀 후에 그는 죽었다. 하나님의 도움을 구하며 울부짖는 것, 그리고 살려 달라고 매달리는 것, 그것이 바로 기도다. 하나님은 우리에게 부르짖어 기도하라고 권하신다. 그러면 응답하겠다고 약속하신다. 부르짖어 기도하라는 말씀은 성경 곳곳에 나온다.

너는 내게 부르짖으라 내가 네게 응답하겠고 네가 알지 못하는

---

44 제임스 패커, 《제임스 패커의 기도》, 227p.

크고 은밀한 일을 네게 보이리라(렘 33:3)

내가 환난 중에서 여호와께 아뢰며 나의 하나님께 부르짖었더
니 그가 그의 성전에서 내 소리를 들으심이여 그의 앞에서 나
의 부르짖음이 그의 귀에 들렸도다(시 18:6)

… 그 이름을 부르는 사람 가운데는 사무엘이 있으니, 그들이
주님께 부르짖을 때마다, 그분은 응답하여 주셨다.(시 99:6, 새번역)

여러 해 후에 애굽 왕은 죽었고 이스라엘 자손은 고된 노동으
로 말미암아 탄식하며 부르짖으니 그 고된 노동으로 말미암아
부르짖는 소리가 하나님께 상달된지라(출 2:23)

하나님은 부르짖는 기도를 외면하지 않으시고 반드시 응답
하신다. 기도 응답은 성경의 약속이다. 기도 응답은 신실한 하나
님의 약속이다. 기도가 응답 되지 않는 것이 오히려 이상한 일이
지 않은가. 기도 응답의 체험이 중요한 이유는 체험이 확실한 사
람은 위기의 순간에 기도할 힘이 있다. 기도 응답의 체험이 있기
때문이다.

그러나 기도 응답의 체험이 확실하지 않은 사람은 정말 기도
해야 할 결정적인 순간에 기도하지 못한다. 응답에 대한 확신이
없기 때문이다. 누가 뭐래도 이것은 '내가 하나님께 기도했더니
응답해 주신 것이다'란 체험이 하나라도 확실히 있는 것은 매우
중요하다. 그런데 이게 기도 응답인지, 우연인지, 시간이 지나서
저절로 해결된 것인지 애매모호하면 기도할 힘이 없다. 기도하

나 기도하지 않으나 거기서 거기기 때문이다. 당신은 누가 뭐래도 이것은 분명 '하나님이 내 기도에 응답해 주신 것이다'란 체험이 있는가? 윌리엄 템플 대주교는 "기도하면 우연한 일들이 일어난다. 그러나 기도하지 않으면 아무런 일도 일어나지 않는다"[45]고 했다. 참으로 의미심장한 말이다.

곽선희 목사는 기도에 대한 재미있는 경험담을 소개한다. 오래전, 남대문교회 부흥회를 인도하러 갔을 때 일이다. 한 권사가 말하길 "목사님 제가 성경을 읽다가 깨달은 바가 있어서 요즘은 기도를 안 합니다" 하더란다. 곽 목사가 "왜요?"하고 물으니 그 권사가 "성경을 보니까 '구하기 전에 너희에게 있어야 할 것을 하나님 너희 아버지께서 아시느니라'라고 하시던데요? 그래서 저는 그저 '아멘 감사합니다'라고만 하면서 삽니다"라고 하더란다. 그 말을 듣고 곽 목사가 이렇게 답해 주었다고 한다.

"그러니까 권사님은 마태복음 6장만 봤군요. 한 장을 더 봐야지요. 7장엔 '구하라 주실 것이요, 찾으라 찾을 것이요, 문을 두드리라 그러면 열릴 것이니라' 하셨습니다."[46]

그렇다. 기도 응답은 예수님이 자기의 이름을 걸고 약속하신 것이다. 곽 목사는 가장 좋은 기도 응답이란 설교 말씀을 통해 하나님의 음성을 듣고 문제가 해결 되는 것이라 강조한다.

---

45 《기도》, 185p.
46 곽선희 《그리스도의 침묵》(서울: 계몽문화사, 2013), 99-100p.

우리는 기도 응답을 받고도 간혹 이것이 우연인지 응답인지 혼란스러울 때가 있다. 엄밀한 의미에서 우연은 없다. 우리의 모든 것은 우연이 아니라, 하나님이 만드신 필연이다. 기도 응답의 체험과 확신은 우리를 더 깊은 기도의 세계로 이끌어 간다. 기도 응답을 몇 가지 면에서 더 살펴보자.

기도 응답인가,
소원 성취인가?

기도할 때 정리해야 할 것은 기도 응답과 소원 성취의 관계이다. 우리는 내 소원이 그대로 이루어지는 것이 기도 응답이라고 생각한다. 내가 하나님께 A를 구했더니 하나님이 A를 그대로 이루어 주셔야 기도 응답이라 한다. 그런데 나는 A를 구했는데 하나님은 A가 아닌 A' 혹은 B나 C를 주실 때도 있다. 내가 그렇게 목 놓아 기도했는데 결과가 다르게 나오면 우리는 기도 응답을 받지 못했다고 생각한다.

병 낫기를 기도했는데 병이 더 깊어지고 결국은 죽었다. 사업이 잘되기를 그렇게 구했는데 망해 버렸다. 자녀가 잘 되기를 간절히 기도했는데, 대학도 떨어지고 믿음 생활도 제대로 안 한다. 교회 부흥을 위해 철야기도를 했건만 생각처럼 부흥이 되지 않는다. 성도들을 위해 기도하고 서로 사랑하라 설교했지만, 마음의 상처를 입고 좋은 교회 일꾼이 떠나 버린다. 이런 일들이 우리에게 실제로 종종 일어나지 않는가.

어디까지가 응답이고 어디까지가 응답이 아닌가. 우리가 기도 응답을 생각할 때, 먼저 정리할 개념은 하나님의 주권이다. 하나님은 지금도 살아 계시며 그분만의 절대주권을 행하신다. 루터는 기도란 기본적으로 '인칭대명사'의 문제라 한다. 우리가 기도할 때, 꼭 염두에 두어야 할 것은 '무엇을' '어떻게' 기도하느냐보다 '누구에게' 기도하느냐가 더 중요하다. 우리는 하늘에 계신 하나님 아버지께 기도드린다. 주님께서도 제자들에게 '하늘에 계신 우리 아버지'께 기도하라고 가르치셨다.

기도 응답을 소원 성취로 좁게 보면, 기도의 주도권과 결정권을 끝까지 내가 갖는 것이다. 기도 응답과 소원 성취의 관계를 이렇게 설명할 수 있다. 내 소원이 그대로 이루어졌다면 기도 응답과 소원 성취는 이퀄(equal)이다. 즉 '기도 응답=소원 성취'이다. 반대로 기도가 내 소원대로 되지 않았다면, '기도 응답≠소원 성취'이다. 그러면 기도 응답을 받지 못한 것으로 여긴다. 그러나 하나님의 전능하심을 믿는다면 기도 응답이 내 소원대로 되지 않았을 때도, 하나님의 뜻대로 이루어졌음을 신뢰할 수 있을 것이다. 기도 응답과 소원 성취의 관계는 '기도 응답≥소원 성취'로 나타낼 수 있다. 기도 응답은 내 소원대로 될 때도 있고, 안될 때도 있고, 때로는 더 큰 것으로 수렴되기도 한다.

소원 성취와 기도 응답의 관계에서 하나님의 전지전능하심과 선하심을 온전히 믿는다면, 비록 내 소원대로 되지 않았더라도, 하나님의 더 큰 뜻과 섭리가 있음을 인정할 수 있다. 하나님이 비록 내 소원을 거절하셨더라도 더 좋은 것으로 합력하여 선을 이루신다는 신뢰와 기대가 있을 것이다. 하나님에 대한 무한신뢰가 깨지면 기도는 동력을 잃고 만다. 동시에 기도가 내 소원을 이루는 수단으로 전락하고 만다. 기도를 통해 내가 하나님의 수준으로 올라가느냐 아니면, 하나님을 내 수준으로 끌어내리느냐 문제이다. 정말 우리가 하나님의 전능하심과 인격을 신뢰한다면, 비록 이해되지 않더라도 하나님이 더 큰 그림을 그릴 것을 인정하고 기다릴 수 있을 것이다. 이사야 선지자는 이렇게 말한다.

> 이는 내 생각이 너희의 생각과 다르며 내 길은 너희의 길과 다름이니라 여호와의 말씀이니라 이는 하늘이 땅보다 높음 같이 내 길은 너희의 길보다 높으며 내 생각은 너희의 생각보다 높음이니라 이는 비와 눈이 하늘로부터 내려서 그리로 되돌아가지 아니하고 땅을 적셔서 소출이 나게 하며 싹이 나게 하여 파종하는 자에게는 종자를 주며 먹는 자에게는 양식을 줌과 같이 내 입에서 나가는 말도 이와 같이 헛되이 내게로 되돌아오지 아니하고 나의 기뻐하는 뜻을 이루며 내가 보낸 일에 형통함이니라(사 55:8-11)

기도란 하늘같이 높은 하나님께 땅에 붙어사는 존재가 하늘의 뜻을 구하고 찾는 것이다. 지금까지 걸어온 인생과 목회를 통해 깨닫는 것은 언제나 하나님의 뜻이 나보다 훨씬 더 높다는 것이다.

C.S. 루이스는 《순전한 기독교》에서 도덕률과 본능의 차이점을 이렇게 말한다. "인간 본성의 법칙인 도덕률이 우리가 연주해야 할 곡(曲)이라면 본능은 단지 건반 키에 불과하다."[47] 인간의 본성은 본능을 지휘하여 하나의 커다란 교향곡을 만들어 낸다. 이것을 기도 응답에 비유한다면, 응답은 하나님이 연주하는 거대한 교향곡이요, 소원 성취는 단지 몇 소절에 불과하다. 즉 기도 응답이 소원 성취보다 훨씬 더 크고 높은 것이다. 마치 바둑에서 하수가 고수의 포석을 이해하지 못하듯이 우리 기도에도 그러한 일이 참으로 많다. 라인홀드 니버(Reinhold Niebuhr)의 "평온을 위한 기도"는 그런 의미에서 시사하는 바가 매우 크다.

오 하나님!
바꿀 수 없는 것은 받아들이는 평온을
바꿀 수 있는 것은 바꾸는 용기를
또한 그 차이를 구별하는 지혜를 주옵소서!

---

47 C.S. 루이스, 장경철 · 이종태 역, 《순전한 기독교》(서울: 홍성사, 2015), 35p.

거절된 응답에서
발견하는 섭리

기도 응답은 단답형이 아니다. "Yes" 혹은 "No"가 아니라는 말이다. 당시에는 기도 응답이 아닌 것처럼 보이지만, 세월이 지나고 보면 더 좋은 응답이었음을 깨닫는 경우가 매우 많다. 하나님은 우리와 분명 차원이 다르다. 그분은 "우리 가운데서 역사하시는 능력대로 우리가 구하거나 생각하는 모든 것에 더 넘치도록 능히"(엡 3:20) 하시는 분이다.

야곱은 형의 손에서 살려 달라고 간절히 기도했다. 야곱의 기도는 천사와 씨름으로 나타난다. 씨름에도 체급이 있다. 인간 야곱이 천사와 씨름을 했다는 것은 체급이 맞지 않는 불공정한 게임 아닌가. 이 씨름은 천사가 이길 것이 뻔하다. 그러나 결과는 예상외로, 야곱의 판정승이었다. 물론 야곱의 다리 하나가 부러지긴 했지만 말이다.

야곱의 다리 하나가 부러진 것은 기도 응답인가 아닌가. 아마도 야곱은 간절히 기도하며 머리 터럭 하나 상하지 않고 형의 손에서 구원받기를 기대했을 것이다. 그러나 결과는 머리 터럭 하나가 아니라, 환도뼈(허벅지 관절, 엉덩이뼈)가 부러졌다. 그리고 평생 다리를 절룩여야 했다. 언뜻 보기에 이것은 기도 응답이 아닌 것처럼 보인다. 그러나 너무나 좋은 기도 응답이다. 비록 다리는 불편해졌지만, 더 소중한 생명은 건졌기 때문이다. 기도 응답이 이런 식으로 전개되는 경우가 많다. 기도 응답은 결코 단답형이 아니다. 때론 우리 생각을 뛰어넘는 고차원함수로 나타난다.

20세기 유명한 영성가 토마스 머튼(Thomas Merton, 1915-1968)은 기도가 거절당한 경험을 이렇게 고백한다. 작가적 재능이 많았던 머튼은 청년기에 습작 삼아 많은 글을 썼다. 머튼의 꿈은 자신의 글이 책으로 출판되어 유명세 한번 타 보는 것이었다. 한번은 나름 정성껏 쓴 글을 출간해 달라고 한 잡지사에 의뢰하였다. 머튼은 책 출간을 부탁하고 간절히 기도하였다. 데뷔 작가가 첫 작품이 멋진 책으로 출판되기를 기다리는 마음은 마치 사춘기 소녀처럼 설레고 초조하였다.

하나님은 우리 기도가 자기 유익을 구하는 것이냐 아니냐에 크게 개의치 않으신다. 하나님은 단지 우리 기도를 듣고 싶어 하실 뿐이다. 구하라. 그리하면 받으리라. 우리가 기도할 때, 아쉬운 것 즉, 자기 인간적인 유익을 청하면 안 된다고 고집하는 것은 일종의 교만이다. 그것은 우리 자신을 하나님과 같은 수준으로 올려 두려는 것이다. 그것은 마치 우리가 필요한 것이 전혀 없다는 태도다. 하나님께 자신이 물질에 의존하는 피조물이 아니란 듯이 행동하는 것은 음흉한 술책에 불과하다.[48] 우리는 육체의 필요와 자기 유익을 위해 기도할 수밖에 없는 존재이다.

머튼은 성당에서 무릎을 꿇고 간절히 기도하였다. 자기의 작품이 하나님께 영광이 된다면, 출간되도록 열렬히 간구하였다.

---

48 토마스 머튼, 정진석 역,《칠층산》(서울: 바오로딸, 2005), 312-313p.

머튼은 하나님의 응답을 믿고 기도했다. 그러나 그 작품은 책으로 출간되지 못하였다. 머튼의 기도는 거절당하고 만 것이다. 그때는 크게 실망했지만, 세월이 지난 후에 머튼은 그때 응답받지 못한 것이 최고의 응답이었다고 회고하였다.

책 출간이 거부되자, 머튼은 오랜 방황을 청산하고 다시 수도사의 길을 걷게 된다. 만일 이때 책이 출간되었다면, 그는 수도사의 길보다는 작가의 길을 걷게 되었을 것이다. 기도 응답의 거절로 수도사의 길을 걷게 된 머튼은 훗날 훨씬 더 강력하고 깊이 있는 좋은 책들을 썼다. 머튼은 그때 응답의 거절은 잘된 일이며, 하나님의 은총이었다고 고백한다. 결과적으로 그는 기도 응답의 거절을 경험했기 때문에 평생 더 멋지고 깊이 있는 책을 쓸 수 있었다.

이런 비슷한 일들을 우리도 종종 경험하지 않는가. 나 역시 비슷한 경험이 있다. 1990년대 말 서울에서 몇 년간 부목사로 목회하며 미국 유학을 준비했다. 미국 신학교에 입학허가서를 받고, 필요한 서류를 준비하여 미국 대사관에서 비자 인터뷰를 하였다. 이른 아침부터 길게 줄을 서서 기다렸고, 마침내 내 차례가 되었다. 설레는 마음으로 비자 인터뷰를 하였다. 젊은 미국 공사가 몇 마디 물어보더니 거절을 뜻하는 '리젝트' 도장을 쾅 찍으며 여권을 돌려주었다. 놀라서 왜 비자를 주지 않느냐 물었더니, 공사가 하는 말이 자기 마음에 내가 유학을 마치고 한국에 다시 돌아온다는 확신이 없단다. 말도 되지 않는 공사의 한마디에 그렇게 정성껏 준비하고 새벽마다 기도했던 미국 유학의 꿈이 좌절되었다. 허탈한 마음으로 광화문 거리를 몇 번이고 돌고 돌았다. 몇 달간 긴 방황의 시간이 있었다.

그 후 캐나다에 있는 친구의 안내로 토론토에 가게 되었다. 당시 캐나다는 6개월 여행 비자가 있던 시절이었다. 미국행이 막히고 전혀 계획하지 않은 다른 길이 열렸다. 토론토에 정착한 후에 토론토대학교의 리지스 칼리지(Regis College)에서 기독교 영성학을 공부하게 된 것이다. 이를 계기로 토론토에서 정말 좋은 교수들과 친구들도 많이 만났다.

토론토에 있는 동안 가장 많이 묵상했던 단어는 '하나님의 섭리'였다. 나보다 훨씬 더 높으신 하나님이 '때로는 더 좁은 길, 더 좋은 길, 굽은 길, 새로운 길'로 인도하신다는 생각에 온몸이 전율하였다. 돌이켜보면, 이름도 모르는 미국 공사의 거절로 매우 힘든 시간을 지냈지만, 그 거절의 결과로 오늘의 내가 있음을 부인할 수 없다. 거절당한 기도 응답에서 또 다른 하나님의 응답과 섭리를 체험한 것이다.

모든 사람이 이런 경험을 하는 것은 아니다. 적지 않은 사람들이 응답의 거절로 낙심하고 기도를 포기한다. 심지어 교회를 떠나고 믿음을 버릴 수도 있다. 그러나 훗날에 그때 응답의 거절이 더 좋은 응답이었다고 고백할 수 있다면, 이 또한 은혜 아니겠는가. 때로는 응답의 거절이 더 좋은 기도 응답이 된다.

누구도 자기 소원을 100퍼센트 다 응답받은 이는 없다. 이것을 솔직히 수용하는 것이 건강한 기도 자세다. 그 이유는 첫째, 사람은 누구도 하나님의 뜻에 100퍼센트 맞는 기도를 할 수 없다. 둘째, 누구도 완벽한 기도를 할 수 없다. 셋째, 우리의 기도는 상황과 시간에 따라 늘 변하기 마련이다. 따라서 매번 기도를 100퍼센트 응답받는 것은 어려운 일이다. 그러기에 기도 응답을 생각할 때, 단순히 내 기준이 아니라, 하나님의 관점에서 보는 시각이 필요하다. 사도 바울의 고백이 우리의 고백이 되면 좋겠다.

우리가 알거니와 하나님을 사랑하는 자 곧 그의 뜻대로 부르심을 입은 자들에게는 모든 것이 합력하여 선을 이루느니라(롬 8:28)

꾀가 통하지 않을 때
기도한다

사람들은 자기 꾀가 통하면 기도하지 않는다. 그러나 자기의 꾀가 통하지 않고 막다른 골목에 서면 기도한다. 야곱이 얍복강에서 죽기 살기로 기도한 것은 자기 꾀가 통하지 않았기 때문이다. 만일 야곱의 잔꾀가 통했다면, 야곱의 얍복강 기도는 성경에 없었을 것이다. 야곱은 칼을 들고 기다리는 에서가 두려워 많은 선물을 준비했다. 야곱은 꾀를 내어 몇 번 나누어 종들의 손에 선물 꾸러미를 들려 보냈다. 일종의 시차 공격이다.

야곱의 기도

야곱이 거기서 밤을 지내고 그 소유 중에서 형 에서를 위하여 예물을 택하니 암염소가 이백이요 숫염소가 이십이요 암양이 이백이요 숫양이 이십이요 젖 나는 낙타 삼십과 그 새끼요 암소가 사십이요 황소가 열이요 암나귀가 이십이요 그 새끼 나귀가 열이라 그것을 각각 떼로 나누어 종들의 손에 맡기고 그의 종에게 이르되 나보다 앞서 건너가서 각 떼로 거리를 두게 하라 하고 … 또 너희는 말하기를 주의 종 야곱이 우리 뒤에 있다 하라 하니 이는 야곱이 말하기를 내가 내 앞에 보내는 예물로 형의 감정을 푼 후에 대면하면 형이 혹시 나를 받아 주리라 함이었더라

(창 32:13-16, 20)

야곱은 분노한 형의 감정을 풀기 위해 그야말로 뇌물 보따리를 보낸다. 그 규모가 암염소 200마리, 숫염소 20마리, 암양 200마리, 숫양 20마리, 젖 나는 낙타 30마리, 그 새끼들과 암소 40마리, 황소 10마리, 암나귀 20마리와 그 새끼 나귀가 10마리였다. 자그마치 550마리이다. 마치, 1998년 정주영 회장이 이북에 1,001마리 소 떼를 몰고 간 것과 비슷하다.

정주영 회장은 아버지가 소를 판 돈을 훔쳐서 가출하였다. 그 돈으로 미곡상을 시작해 현대그룹을 일구었다. 그러나 그의 마음속에는 아버지를 속인 죄책감과 미안함이 늘 있었다. 재벌이 된 후에 속죄하는 마음으로 소를 500마리와 501마리 두 차례에 걸쳐 이북 고향 땅으로 보냈다. 언론은 정주영 소 떼 방북을

황소 외교라 말했다. 그 결과 남북의 닫힌 문이 잠시 열리고 금강산 관광과 개성공단 개발의 실마리가 되었다. 소가 1,001 마리인 것은 끝이 0이면 완성된 숫자이고, 1이면 새로 시작한다는 의미와 1마리 훔친 것을 1,000배로 갚는다는 의미를 담았다고 한다.

정주영의 소는 남북의 걸어 잠갔던 문을 열었지만, 야곱의 수많은 양 염소 낙타 소의 선물은 형에서의 닫힌 마음 문을 열지 못했다. 그만큼 에서의 원한이 깊었던 것이다. 그 절박한 순간에도 야곱은 형의 마음을 녹이려고 꾀를 낸다.

> … 야곱이 말하기를 내가 내 앞에 보내는 예물로 형의 감정을 푼 후에 대면하면 형이 혹시 나를 받아 주리라 함이었더라
> (창 32:20)

야곱은 잔머리가 잘 돌아가는 꾀돌이다. 그러나 꾀를 자주 쓰면, 자기 꾀에 자기가 넘어진다. 솔로몬은 꾀를 이렇게 정의한다.

> 내가 깨달은 것은 오직 이것이라 곧 하나님은 사람을 정직하게 지으셨으나 사람이 많은 꾀들을 낸 것이니라(전 7:29)
> 그렇다. 다만 내가 깨달은 것은 이것이다. 하나님은 우리 사람을 평범하고 단순하게 만드셨지만, 우리가 우리 자신을 복잡하

게 만들어 버렸다는 것이다.(새번역)

꾀란 하나님이 평범하고 단순하게 만든 것을 인간이 자기의 잔머리로 복잡하게 만들어 버리는 것이다. 마치 그림을 그릴 때, 한 번 터치로 깔끔하게 마무리해야 하는데 여러 번 덧칠하여 그림을 망치는 것과 같은 이치다. 덧칠하면 더 좋은 작품이 되리라 생각하지만, 결국은 개칠(改漆)이 되고 만다. 기도란 하나님 앞에서 잔머리 굴리기를 포기하는 것이다. 인간의 꾀를 포기하는 것이다. 사람 앞에서 잔머리가 한두 번은 통한다. 그러나 오래가지 못한다. 꾀가 거듭되면 결국 자기 꾀에 자기가 넘어지고 만다.

세상에서 꾀가 많고 IQ가 높은 민족은 어디일까? 2002년 영국 얼스터대학교 리처드 린(R. Lynn)과 핀란드 헬싱키대학교의 타투 바하넨(T. Vahanen) 교수가 그들의 공동연구서 'IQ와 국부'에서 제시한 IQ 조사 자료는 다음과 같다. 각국 국민의 평균 IQ 순위는 홍콩 1위(107), 한국 2위(106), 일본 3위(105), 독일·이탈리아 6위(102), 미국·프랑스 19위(98), 이스라엘 26위(95)다. 2003년 오스트리아 빈대학 메디컬스쿨의 조사 자료도 홍콩 1위(107), 한국 2위(106), 일본 3위(105), 독일·이탈리아 5위(102), 중국·영국 11위(100)로 비슷하다. 2004년 스위스 취리히대학 토머스 폴켄(T. Volken) 박사의 조사 자료도 유사하다. 홍콩 1위(107), 한국 2위(106), 일본·북한 3위(105), 독일·이탈리아 6위(102), 중국·영국 13위(100) 등이다. 이 자료들은 한국인 IQ가 106으로 세계 2위라

보고하고 있다.[49] 그러나 홍콩은 국가라 할 수 없기에 사실상 한국이 1위다. 참으로 자랑스러운 일이다. 그런데 문제는 한국인의 머리 좋다는 것이 대개 '잔머리 Q'가 좋다는 것이다.

야곱은 잔머리와 꾀로 형의 감정을 녹이려 했다. 아니 형을 가지고 놀려 했다. 수많은 소, 양, 낙타를 시간차로 선물하면 형의 감정이 풀어지리라 기대했다. 약간의 재물로 형을 농락하려던 것이다. 정말 야곱다운 기가 막힌 전략이고 꾀이다. 그러나 불행인지 다행인지 야곱의 꾀는 먹히지 않았고, 결국 야곱은 깊은 밤 얍복강가에 홀로 남겨졌다.

고독은 하나님을 만나는 위대한 자리

"야곱은 홀로 남았더니"(창 32:24)
라는 말씀은 매우 중요한 의미가 있다. 사실 모든 사람은 고독하고 외롭다. 오죽하면 영국에서 외로움 담당 장관직을 새롭게 만들었겠는가. 2018년 영국 정부는 체육·시민 사회 장관을 '외로움' 담당 장관으로 겸직 임명했다. 영국 내 '조콕스 고독위원회'가 2017년 발표한 보고서에 따르면 외로움은 하루에 담배 15개비를 피우는 것만큼 건강에 해롭다. 즉 외로움이 개인적 불행에

---

49 조선일보, 2008.11.04., "[아침논단] IQ 세계 1위의 자신감을 잃지 말자"-황태연.

서 사회적 전염병으로 확산됐다는 의미이다. 홀로 남음, 고독, 외로움은 모든 인간의 근원적인 문제이다.

기도는 크게 두 가지 형태이다. 하나는 많은 사람과 함께 하는 합심기도이다. 교회에서, 기도원에서 수십, 수백 명이 소리 높여 '주여 삼창'을 외치며 두 손을 높이 치켜들고 통성으로 기도한다. 한국 교회가 이 땅에 존속하는 한 합심기도와 통성기도는 멈추지 않을 것이다. 1907년 평양대부흥운동에서 시작된 통성기도는 한국 교회 영성의 원초적 DNA와 같다.

성경에도 합심기도의 예는 많다. 사무엘의 미스바 기도(사무엘상 7장), 에스라의 회개기도(에스라 9-10장), 느헤미야의 수문 앞 광장의 사경회와 회개기도(느헤미야 8-9장) 에스더와 모르드개의 3일 금식기도(에스더 4장), 120명의 성도들이 성령받기를 기다리며 마가의 다락방에서 드린 합심기도(사도행전 1장), 초대교회 성도들이 산헤드린 공회로부터 핍박받을 때(사도행전 4장), 베드로가 옥에 갇혔을 때의 기도(사도행전 12장) 등 많다.

또 다른 형태는 홀로 하는 개인 기도이다. 예수님도 골방에서 홀로 기도하라 하셨다. 모세도 엘리사도 대부분 홀로 기도하였다. 야곱도 지금 처자식과 모든 재산을 얍복강 너머로 보내고 홀로 남아 있다. 때로 홀로 드리는 기도가 더 강력할 수 있다.

홀로 있다(alone)는 것은 두 가지 의미이다. 외로움(loneliness)과 고독(solitude)이다. 외로움과 고독의 사전적 의미는 비슷하다. 외로움은 '홀로 되어 쓸쓸한 마음이나 느낌'이다. 고독(孤獨)은 '세상에 홀로 떨어져 있는 듯이 매우 외롭고 쓸쓸함'이다. 사람은 홀로 있을 때 외로움 혹은 고독을 느낀다. 외로움과 고독에 영적 의미를 부여하면 좀 다른 느낌으로 다가온다.

외로움은 대개 홀로 있을 때 느끼는 감정이다. 외로움은 주로 외적인 환경의 영향을 많이 받는다. 예컨대, 이른 아침부터 교회에서 예배드리고 봉사하다 밤 10시에 집에 돌아갔다. 마침 남편은 출장 중이고 자녀들은 아직 돌아오지 않았다. 현관을 열고 집에 들어간 순간 어둠과 고요가 호수처럼 집안에 가득하다. 불을 켜고 아무도 없는 고요한 텅 빈 공간에 홀로 있는 자신을 보며 문득 진한 외로움을 느낀다. 짧은 순간, 고요한 적막이 너무 어색하고 외로워 텔레비전을 켤 것인지 아니면, 잠시 소파에 앉아서 하루를 돌아보며 고요히 기도할 것인지 순간적인 선택을 하게 된다.

이때 외롭다고 느낀 사람은 대개 자기도 모르게 TV를 켠다. 고요한 적막이 쓸쓸하고 어색하기 때문이다. 혹은 누군가에게 전화를 걸어 수다를 떨거나 핸드폰을 만지작거린다. 혹은 밀린 설거지를 하든지, 세탁기를 돌리며 분주하게 움직인다. 이렇게 반응한다면, 홀로 있는 것이 외로운 사람이다. 외로움을 느끼면 혼자서 고요히 머물지 못한다. 무언가 외부와 접촉하거나 활동해야 안심이 된다. 그래야 마음에 안정감이 생기고 어색함과 쓸쓸함을 털어낸다.

반면, 집안에 홀로 있을 때 쓸쓸함을 느끼지만, TV를 켜거나 분주히 움직이는 것이 아니라, 호젓이 자기를 돌아보거나 하나님께 기도한다면 고독으로 나가는 것이다. 늘 분주하고 시끄러워 기도하기가 어려웠는데 모처럼 나 혼자만의 시간과 공간이 주어진 것이다. 혼자만의 시간이 외롭거나 쓸쓸하기보다는 나만의 호젓한 시간이 된다. 누구의 방해도 받지 않고 홀로 깊이 하나님께 집중한다. 예수님 말씀처럼 홀로 골방에 들어가 기도하게 된다. 이때는 홀로 있음은 쓸쓸하거나 공허가 아니고 오히려 하나님께 집중할 수 있는 시간이다. 홀로 있는 시간을 고독으로 만드는 사람은 대개 자기성찰이나 깊은 묵상으로 나아간다. 외로움이 찾아오는 것이라면, 고독은 내가 찾아가는 것이다.

영적 성장의 결정적인 전환점은 외로움에서 고독으로 넘어가는 데 있다. 괴테는 인간은 사회에서 많은 것을 배우지만, 영감을 받는 것은 오직 고독에 있어서만 가능하다고 말한다. 외로움과 고독은 종이 한 장 차이지만, 그 영적 의미는 매우 무겁다. 사람은 진정한 고독 속에서 하나님을 만날 수 있다.

외로움에서 고독으로 넘어가려면 크게 두 가지가 필요하다. 하나는 하나님의 강력한 초청이다. 야곱의 얍복강 기도가 그러하다. 야곱은 홀로 남았을 때 두렵거나 외로워 몸부림치지 않고 기도로 깊이 빨려 들어간다. 하나님이 야곱을 기도로 초청하신 것이다. 예수님도 성령에 이끌리어 광야로 기도하러 가셨다. 성령께서 예수님을 강력하게 광야로 몰고 가셨다. 바울도 다메섹에서 부활의 주님을 만나고 아라비아 광야에서 3년을 머문다.

바울 역시 하나님이 강력하게 고독으로 이끌어 가신 것이다. 우리도 간혹 성령께서 강력하게 고독과 침묵으로 이끌어 가실 때가 있다.

또 하나의 고독은 자발적인 선택이다. 사막교부들이 그러했다. 3-5세기에 사막교부들은 복잡하고 분주한 도시를 떠나 사람 없는 사막으로 들어갔다. 이것은 누가 강요한 것도 아니고 온전히 자발적 선택이었다. 사막에서 그들은 홀로 머물며 성경을 묵상하며 기도하는 데 온 힘을 기울였다. 누구도 그들을 방해할 수 없었다. 아니 방해물이 없었다. 사막교부들은 기본적인 먹거리를 위해 간단하게 바구니나 소품을 만들어 대상(隊商)들과 빵과 소금을 물물교환하며 살았다. 그 외의 모든 시간은 고독 속에서 하나님을 생각하며 성경을 묵상하였다. 이러한 사막교부들의 삶에서 말씀묵상기도 즉, 렉시오 디비나가 탄생하였다.

사막교부의 아버지인 성안토니(St. Antony, 251-356)는 개인이 홀로 골방에서 기도하는 것을 이렇게 강조하였다.

"물고기가 물 밖에 오래 있으면 죽는 것처럼, 수실(수도사의 독방) 밖에서 빈둥거리거나 세상 사람들과 함께 시간을 지내는 수도사들은 내면의 평화를 잃는다. 그러므로 고기가 바다를 헤엄치듯이, 우리도 서둘러 수실로 들어가야 한다. 그렇지 않고 밖에서 지체하다가 내면의 경성함을 잃을까 염려된다."[50]

---

50 베네딕타 와드, 《사막교부들의 금언》(서울: 은성, 1995), 35-36p. 다산 정약용은 이와

깊은 기도로의 중요한 전환점은 외로움에서 고독으로 넘어가는 것이다. 현대 물질문명은 사람들을 풍요롭게 한다. 볼거리, 들을 것, 먹을 것, 즐길 것이 가득하다. 물질문명의 풍성함은 역설적으로 우리를 고독하지 못하게 만든다. 현대인은 홀로 있어도 고독하기 어렵다. 산속에 있어도 핸드폰이 끊임없이 울린다. 현대인은 고독하기보다는 분주하고 산만한 시대를 살아간다. 리처드 포스터는 현대사회에서 영성 생활을 방해하는 세 가지를 시끄러움, 조급함, 혼잡함이라 한다. 정신분석가 칼 융은 '조급함은 마귀에게서 나온 것이 아니라, 그 자체가 마귀다'라고 말했다.[51] 혼잡과 조급함을 벗어난 고독 없이는 진정한 영성 생활은 사실상 불가능하다.

헨리 나우엔은 "고독은 변형의 용광로이며 하나님을 만나는 위대한 자리"라고 했다. 고독은 자신의 영혼을 위한 시간이며 공간이다. 고독 속에서 우리는 나를 지탱해 주는 모든 발판을 제거해 버린다. 함께 이야기할 친구도 없고, 전화할 일도 없고, 참석할 모임도 없고, 즐길 음악도 없다. 마음을 혼란케 하는 신문이나 TV도 없고, 오직 나뿐이다. 상처 입고, 발가벗고, 약하고 죄 많은 나, 무너지고 실패하고, 부서진 나밖에 없다. 고독 안에서

비슷한 개념으로 신독(愼獨)을 주장한다. 이경용, 《고난에 대한 다산 정약용과 욥의 대화》(경기: 영성나무, 2021), 128-132p.

51 리처드 포스터, 편집부 역, 《영적 훈련과 성장》(서울: 생명의말씀사, 1996), 31p.

우리가 직면하는 것은 아무것도 없는 무(無 nothingness)이다.[52] 참 역설적으로 우리는 아무것도 없는 무와 절대고독 속에서, 하나 님과 독대하며 비로소 나 자신을 대면하게 된다.

기도 응답을 확인하는 3단계
심증, 확증, 물증

기도 응답이 말처럼 쉽다면 누가 걱정하겠는가. 때로 응답을 확인하기까지는 상당한 시간 과 영식별이 필요하다. 초신자 때에는 기도 응답이 비교적 빠르 고 신속하다. 아마도 하나님이 믿음이 적은 사람들에게 확신을 주시려는 은혜와 배려인 것 같다. 초신자의 기도는 대개 간단명 료한 단답형이 많기에 응답도 쉽게 확인된다. 그러나 신앙생활 이 오래되고 기도가 많아지면, 기도 응답에 대한 확신들이 복 합방정식이 된다. 간단명료하게 떨어지지 않는 것이다.

일반적으로 기도 응답은 3단계로 진행된다. 첫 단계는 심증 (心證)이다. 심증이란 외적 여건이 불가능해 보여도 기도하면 할 수록 마음속에 하나님이 뭔가 하실 것 같다는 성령의 감화와 확 신이 생긴다. 환경과 여건은 객관적으로 불가능해 보이지만, 이 상하게 기도하면 마음에 내적 확신과 평안이 생길 때가 있다. 이

---

52 헨리 나우웬, 신현복 역, 《사막의 영성》(서울: 아침영성지도원, 2003), 45p.

것은 기도 응답의 좋은 사인임이 틀림없다. 사도 바울은 기도 응답의 첫 사인을 평강으로 본다.

> 아무 것도 염려하지 말고 다만 모든 일에 기도와 간구로, 너희 구할 것을 감사함으로 하나님께 아뢰라 그리하면 모든 지각에 뛰어난 하나님의 평강이 그리스도 예수 안에서 너희 마음과 생각을 지키시리라(빌 4:6-7)

열심히 기도하면 어느 순간 하나님이 우리에게 평강을 주신다. 기도는 물물교환과 비슷하다. 우리가 염려와 걱정거리를 하나님께 기도로 올려드리면, 하나님은 염려 대신 하늘의 평강을 내려주신다. 기도 시간에 우리의 믿음과 하나님의 은혜라는 신비가 역사한다.

예수님은 마가의 다락방에서 제자들의 발을 씻겨 주시고, 최후의 만찬을 마치고, 두려워하는 제자들에게 "너희는 마음에 근심하지 말라 하나님을 믿으니 또 나를 믿으라"(요 14:1)고 하셨다. 그리고 "평안을 너희에게 끼치노니 곧 나의 평안을 너희에게 주노라 내가 너희에게 주는 것은 세상이 주는 것과 같지 아니하니라 너희는 마음에 근심하지도 말고 두려워하지도 말라"(요 14:27)고 평강을 약속하셨다. 사도 바울은 서신서의 첫인사에서 수신자들에게 평강이 임하길 기도하였다.

한나의 기도에도 응답의 첫 사인으로 하나님의 평강이 임한다. 한나는 아들을 낳지 못해 화가 나고 불안하여 실로에서 눈물로 통곡하며 기도하였다. 한나의 기도를 지켜보던 엘리 제사장은 처음엔 술 취한 것으로 오해했지만, 결국 한나에게 평강을 빌어 주었다.

> 엘리가 대답하여 이르되 평안히 가라 이스라엘의 하나님이 네가 기도하여 구한 것을 허락하시기를 원하노라 하니 이르되 당신의 여종이 당신께 은혜 입기를 원하나이다 하고 가서 먹고 얼굴에 다시는 근심 빛이 없더라(삼상 1:17-18)

평안한 얼굴로 집으로 돌아간 한나는 마침내 아들 사무엘을 낳았다.

마니교에 빠진 아들 아우구스티누스를 위해 간절히 눈물로 기도하던 어머니 모니카의 일화는 유명하다. 신실한 믿음의 사람 모니카는 아들을 위해 많은 세월 기도하였다. 모니카의 기도는 아우구스티누스가 16살 때 카르타고로 유학 가서 한 여인과 동거하며 방탕한 삶을 살아갈 때부터 본격적이 되었다. 약 16년의 세월이 지나고 아우구스티누스는 32살에 극적인 회심을 경험한다.

모니카는 아들이 한창 방황할 때, 주교를 찾아가 아들을 만나 설득해 주길 부탁하였다. 그때 주교는 "그냥 그대로 두십시오, 다만 아들을 위하여 주님께 기도만 드리십시오. 결과는 좋아

질 테니까요. 하나님은 눈물의 자식이 죽어 가도록 버려두시는 법이 없습니다"[53]라고 권면하였다. 이 말을 들은 모니카는 이 말이 하늘에서 들려온 소리와 조금도 다름이 없었다고 고백한다. 모니카는 주교의 말을 듣고 마음의 평안을 얻어 계속 기도하여 결국 응답을 받았다.

청교도 영성가이며 목회자인 사무엘 리(Samuel Lee, 1627-1691)는 은밀하게 하나님께 기도드리길 좋아했다. 그는 기도 응답을 발견하고 분별하는 방법으로 여섯 가지를 제시한다.[54] 첫째, 심령의 경건한 자유는 일반적으로 응답의 훌륭한 표징이다. 둘째, 기도할 때에 심령이 고요해지고 평온해지는 것도 복된 징표이다. 셋째, 심령에 기쁨이 임하는 것이다. 넷째, 하나님을 향한 달콤한 사랑의 감정이 일어난다. 다섯째, 기도 가운데 마음속에서 솟아오르는 내적 격려가 있다. 여섯째, 기꺼이 감사하고 섬기려는 마음이 생긴다.

기도 응답 확인의 두 번째 단계는 성경 말씀을 통한 확증(確證)이다. 기도하다 보면, 어느 순간 우리 마음에 '아, 하나님이 성경 말씀을 통해 확증해 주시는구나'라는 것을 깨닫고 느낄 때가 있다. 성경을 읽다가, 큐티를 하다가, 말씀묵상기도를 하다가 혹은 설교를 듣다가 어느 한 부분이 내게 주시는 말씀으로 분명하

---

53 성 어거스틴, 오병학 · 임금선 역, 《참회록》(서울: 예찬사, 2006), 72p.
54 존 프레스톤, 나다니엘 빈센트, 사무엘 리, 이광식 역, 《기도의 영성》(서울: 지평서원, 2010), 305-309p.

게 부딪혀 올 때가 있다. 평소에 글자로 알고 있던 말씀이 어느 상황에서 살아 운동력 있는 말씀으로 내 영혼과 마음에 부딪혀 올 때가 있다. 그것은 하나님이 말씀으로 주시는 확증이다.

한나는 엘리 제사장의 "평안히 가라 이스라엘의 하나님이 네가 기도하여 구한 것을 허락하시기를 원하노라"는 말씀을 하나님이 주시는 말씀으로 받아들였다. 말씀의 확증이 일어난 것이다. 그리고 1년 후에 사무엘이 탄생했다. 기드온은 미디안과의 전쟁에 지도자로 부름을 받고 두려워하였다. 기드온은 하나님의 부르심이 사실인지 확인하기 위하여 '이슬 시험'을 하였다. 한 번은 타작마당에 있는 양털에만 이슬이 내리고 땅은 마르기를 구하였다. 다음에는 반대로 양털만 마르고 땅에는 이슬이 내리기를 구하였다. 두 번 다 자기가 기도한 대로 눈앞에서 이루어지자 기드온은 양털 이슬 시험을 하나님의 은혜의 표징으로 받아들인다.

한동대학교 전 총장 김영길은 이런 간증을 하였다. 그는 초기 한동대학교 총장직을 제의받고 정중히 사양하였다. 그러나 "기도하시는 장로님인 줄 알았는데 어찌 기도도 안 하고 거절하십니까?" 하는 말에 마음에 찔렸다. 그는 한 통의 전화가 하나님의 부르심인지 단순히 인간의 초청인지를 분별하려고 노력했다. 그래서 하나님의 음성을 듣기 위해 모든 채널을 열어 놓고 기도하였다. 하나님의 응답은 오래 걸리지 않았다. '부르심과 순종'이라는 주일예배 말씀이 하나님의 음성으로 들린 것이다. 그는 '하나님은 아브라함에게 하셨듯이 우리에게도 떠나라 하셨다. 그 이유는 하나님만을 의지하고 자유하는 법을 배우게 하기 위해서였다'라고 말한다. 설교 말씀이 내게 주신 하나님 말씀으로 확증되자 안정된 카이스트 교수직을 뒤로하고 황무지 같은 한동대학교로 가게 되었다. 하나님은 그를 통하여 많은 일을 이루셨다.

하나님의 말씀을 통해 확증받기 위해서 우리는 열심히 성경을 읽어야 한다. 때론 큐티를 하고, 말씀묵상기도를 해야 한다. 또 설교 말씀에 귀 기울여야 한다. 하나님 말씀은 살았고 운동력이 있어서 적절한 때에 하나님 말씀으로 들려지는 은혜가 있다. 하나님 말씀이 내 마음에 약속으로 확증되면, 그 말씀이 내 영혼에 내면화되고 각인되도록 기도해야 한다. 그리고 그 말씀을 붙들고 그것이 현실이 되기까지 계속 기도해야 한다. 오래전 아들의 심각한 사춘기로 고통당할 때, 하나님이 내게 "사랑은 오-래 참고"란 말씀을 들려주신 적이 있다.[55] 말씀을 듣고 마음의 평정을 찾은 얼마 후, 기적처럼 아들의 사춘기가 해결된 일이 있다.

기도 응답 확인의 세 번째 사인은 물증(物證)이다. 기도 응답이 환경을 통해 현실로 이루어지는 단계이다. 이 단계에 오기까

---

[55] 아들의 심각한 사춘기를 통해 감정이란 무엇인가에 대해 고민이 많았다. 그 후에 감정이란 주제로 쓴 책이 《감정치유기도》(서울: 두란노, 2011)이다. 성경의 인물들을 보면 감정으로 인해 망한 인생도 있고(가인, 사울), 감정 처리를 잘하여 더 성숙한 사람(한나, 다윗, 야베스)도 있다.

지는 시간이 필요하다. 모니카는 약 16년간 아들 아우구스티누스를 위하여 눈물로 기도하였다. 기드온은 미디안을 이기기까지 수많은 전투를 하였다. 한나는 사무엘을 낳기까지 일 년을 기다렸다. 오만 번 기도 응답을 받은 조지 뮐러는 한 친구가 구원을 얻기까지 죽을 때까지 기도하였다. 응답이 현실이 되어 물증으로 우리 손에 잡히기까지 때론 수십 년의 기다림과 지속적인 기도가 필요하다.

화살처럼 날아가는 수고로운 시간 속에서 기도 응답을 기다리는 것은 큰 믿음과 인내가 필요하다. 그러나 눈물을 흘리며 씨를 뿌리듯 기도하는 사람은 반드시 응답을 받을 것이다(시 126:5-6). 심증과 말씀을 통한 확증 그리고 눈에 보이고 손에 잡히는 물증으로 기도 응답받는 은혜가 많기를 축복한다.

✳

5장.
나는 누구인가
    – 죄인이라 고백할 때 만나는 하나님

네 이름이 무엇이냐

야곱이 천사들과 씨름하며 얍복강에서 기도하고 있을 때, 하나님은 야곱에게 "네 이름이 무엇이냐?" 하고 질문하셨다. 왜 느닷없이 하나님이 야곱의 이름을 물으신 것일까? 하나님이 야곱의 이름을 모르실 리 없다. 그 의미는 무엇일까? 야곱은 하나님의 질문에 당연히 "제 이름은 야곱입니다"라고 답변했다. 그런데 신기하게도 야곱이 자기 이름을 하나님께 말하는 순간 엄청난 깨달음이 임했다. 내가 누군지 깨닫는 자각(自覺)이 이루어진 것이다.

하나님은 야곱이 인생의 중요한 기로에 서 있을 때, 천사를 보내셔서 야곱을 만나 주셨다. 창세기에 네 번의 중요한 천사와의 만남이 소개된다. 야곱이 벧엘에서 돌베개를 베고 잠자는 동안 하늘사다리를 보여 주실 때 천사들이 등장한다(창 28:12). 야곱이 하란의 외갓집에서 20년 뼈 빠지게 고생하던 어느 날, 하나님은 천사를 보내셔서 이젠 고향으로 돌아가라고 귀향 메시지를 전하셨다(창 31:11). 야곱이 귀향길에 올라 고향에 이르기 전, 형에 대한 두려움으로 떨고 있을 때, 마하나임(מחנים, Mahanaim, 하나님의 군대)에서 하나님은 천사를 통해 만나 주셨다(창 32:1-2). 또 얍복강 기도에서 하나님은 천사와 씨름을 하며 만나 주셨다. 창세기

32장의 '어떤 사람'을 호세아 선지자는 천사라고 말한다(호 12:4).

야곱은 하나님이 네 이름이 무엇이냐고 묻기 전까지는 자기가 세상에서 가장 똑똑한 줄 알았다. 형을 속여 장자권을 가로채고, 외삼촌을 속여 양들을 가로채 부자가 되었다. 야곱은 자기가 꾀가 많고 수완이 좋다고 생각했다. 집을 떠날 때 홀몸이던 야곱이 20년 만에 거부가 되었다. 그의 재산을 정확히 알 수는 없지만, 형에게 보낸 가축만 550마리인 것을 보면 엄청난 거부임에 틀림없다. 그런 사람을 세상은 성공한 사람, 회장님, CEO라고 치켜세운다. 만일 야곱에게 명함이 있었다면 '야곱그룹 회장'이라는 금박 명함을 새겼을 것이다. 누가 봐도 야곱은 세상적으로 성공한 사람이다. 그런 야곱에게 하나님은 느닷없이 네 이름이 무엇이냐고 물으신다.

하나님 앞에서 자기 이름을 말하는 순간 야곱은 비로소 자기의 실체를 보게 된다. 야곱! 뒷다리를 붙드는 사람, 속이는 사람, 한마디로 '사기꾼'이다. 야곱은 하나님께 이름을 아뢰며 비로소 자기가 사기꾼임을 깨닫게 된다. 그 순간 자아의 자각이 일어나며 자기 실체를 보게 된다. 세상의 성공이나 명함이 아닌, 자기 본래의 모습, 하나님 앞에 벌거벗고 선 자기의 실존을 보게 된다. 야곱 그는 사기꾼이었다. 자기를 발견하는 것은 위대한 일이다.

사람은 인생을 살면서 다중적 자아정체성을 갖고 살아간다. 예컨대, 아버지로, 아들로, 남편으로, 사장으로, 교인으로, 친구로 한 사람이지만, 그 사람을 이루는 정체성은 다중적이다. 야곱도 그러했다. 야곱은 이삭의 아들이요. 에서의 동생이다. 외삼촌 라반의 조카이며, 레아 라헬의 남편이다. 동시에 여러 자녀의 아버지요 가장이고, 사회적으로는 성공한 기업인이었다. 그러나 얍복강에서 하나님을 만나 기도하며 본질적인 자기 실체 곧 사기꾼 야곱을 본 것이다. 사람은 결정적인 위기의 순간에 깊이 숨어 있는 자기의 실체, 즉 진짜 정체성을 볼 때가 있다.

중요한 것은 얍복강 기도에서 하나님은 야곱에게 '네 형의 이름이 무엇이냐', '아버지 이름이 무엇이냐'고 묻지 않으셨다는 것이다. 타인이 아닌 야곱 자신의 이름을 물으셨다. 우리가 착각하는 것은 기도하면서 자기 이름을 하나님 앞에 아뢰기보다는 형, 동생, 장로, 목사, 집사 등 남의 이름을 들먹인다. 자기 눈의 들보는 보지 못하고 다른 사람 눈의 티를 보며, "하나님 저 사람은 이래요, 저래요"라고 타인을 들먹인다. 이런 태도는 진실한 기도의 자세가 아니다. 하나님과 자신에게 정직하지 못하고 평계 대고 도피하는 것이다. 이런 기도는 망하는 길이다.

예수님이 베드로에게 3번 네가 나를 사랑하느냐, 내 양을 먹이라 엄중하게 말씀하셨다. 이때 베드로는 요한을 곁눈질하며 엉뚱한 질문을 하다가 책망받았다.

이에 베드로가 그를 보고 예수께 여짜오되 주님 이 사람은 어떻게 되겠사옵나이까 예수께서 이르시되 내가 올 때까지 그를

머물게 하고자 할지라도 네게 무슨 상관이냐 너는 나를 따르라
하시더라(요 21:21-22)

    이름에는 세 가지가 있다. 본명은 부모님이 지어 준 이름이
다. 본명에는 부모님의 기대와 꿈이 담긴다. 대부분 부모는 자녀
에게 좋은 이름을 지어 주려고 다방면으로 알아보고 고심한다.
물론 제대로 이름값하며 살기란 쉽지 않다.

    본명과 다른 또 하나의 이름은 호(號)이다. 호는 자기의 바람
을 담아 스스로 지은 이름이다. 추사 김정희의 호는 수백 개이
다. 알려진 것만도 추사(秋史), 완당(阮堂), 예당(禮堂), 시암(詩庵), 과
파(果坡), 노과(老果) 등 다양하다. 한경직 목사의 호는 추양(秋陽)
이다. '가을볕' 같은 이미지가 그와 어울린다. 주기철 목사의 호
는 소양(蘇羊)으로 '예수님의 어린 양'이란 뜻이다. 호를 보면, 그
사람의 세계관과 인생관을 엿볼 수 있다. 호는 주로 고향 지명이
나 자신이 지향하는 뜻, 혹은 좋아하는 사물을 활용한다.

    또 하나의 이름이 별명이다. 별명은 주로 남이 나를 불러 주
는 것이다. 나를 잘 아는 사람이 나의 특징을 담아 동물이나 식
물 혹은 사물에 비유하여 부른다. 따지고 보면, 사람의 특징을
가장 잘 드러내는 것은 별명이다. 왜냐하면 남이 나를 겪어 보고
붙여 준 이름이기 때문이다. 간혹 맘에 들지 않는 별명이 있지
만, 때로 그 별명이 나의 본질을 가장 잘 나타내 주기도 한다. 그
러기에 기분 나쁘게 생각하지 말고, 별명만 잘 묵상해도 나 자신

이 누군지를 발견할 수 있다. 별명은 나를 비추어 주는 거울이다.

만일 오늘 밤, 기도 중에 하나님이 "네 이름이 무엇이냐?"라고 물으신다면 무엇이라 답변하겠는가? "제 이름은 OOO입니다." 하나님 앞에서 진솔하게 올려 드리는 이름 그것이 바로 나 자신이다. 나를 아는 가장 좋은 방법은 화려한 이력서나 명함, 혹은 스펙이나 보정한 사진이 아니라, 하나님 앞에서 겸손히 아뢰는 자기 이름에 있다.

내 있는 모습
그대로를 보시는 분

한국인이 애송하는 시 중에, 김춘수 시인의 "꽃"이란 시가 있다.

내가 그의 이름을 불러 주기 전에는

그는 다만

하나의 몸짓에 지나지 않았다

내가 그의 이름을 불러 주었을 때

그는 나에게로 와서

꽃이 되었다

이 시에서 '나다움'의 의미를 발견한다. 나의 빛깔과 향기에 알맞은 이름을 붙여 주는 것을 '이름 짓기', 영어로는 '네이밍(naming)'이라 한다. 채송화는 꼭 채송화 같다. 국화는 국화 같고, 장미는 천상 장미다. 채송화를 장미라 부르면 어색하고. 장미를 해바라기라고 부르면 어울리지 않는다. 모든 꽃은 각자에게 알맞은 이름이 있다.

성경에 많은 나무가 나온다. 생명나무, 선악을 알게 하는 나무, 백향목, 잣나무, 포도나무, 종려나무, 가시나무, 무화과, 뽕나무 등 다양하다. 성경의 나무들은 나름대로 의미가 있다. 하나님은 각 나무를 통해 하나님의 뜻을 전달하며, 인간들의 독특성을 가르쳐 준다. 이스라엘이 평안의 시대를 말할 때도 나무 이미지를 사용하였다.

솔로몬이 사는 동안에 유다와 이스라엘이 단에서부터 브엘세바에 이르기까지 각기 포도나무 아래와 무화과나무 아래에서 평안히 살았더라(왕상 4:25)

… 무리가 그 칼을 쳐서 보습을 만들고 창을 쳐서 낫을 만들 것이며 이 나라와 저 나라가 다시는 칼을 들고 서로 치지 아니하며 다시는 전쟁을 연습하지 아니하고 각 사람이 자기 포도나무 아래와 자기 무화과나무 아래에 앉을 것이라 그들을 두렵게 할 자가 없으리니 이는 만군의 여호와의 입이 이같이 말씀하셨음이라(미 4:3-4)

야곱의 기도

내가 누구인지 알아 가려면 꽃이나 나무에 자기를 비유해도 좋다. 조선시대 선비들은 사군자(四君子)를 통해 자기를 비유했다. 보기에 별것 아닌 나무와 풀인 매란국죽을 의인화하여 고귀한 존재로 본 것이다. 사실 매화, 난초, 국화, 대나무는 흔한 식물이다. 그러나 선비들은 그것에 자기 인격을 투사하여 사군자(四君子)라 불렀다. 특히 매화는 추운 겨울을 이겨 내고 가장 먼저 꽃을 피우기에, 어려운 조건에서도 자기를 지키는 군자나 지사(志士) 혹은 세속을 초월한 은자(隱者)나 지조 있는 고상한 여인을 상징한다.[56]

퇴계 이황(1501-1570)은 매화를 그냥 매화라 부르지 않고, 매군(梅君) 매형(梅兄) 매선(梅仙)이라 부르며 깍듯이 하나의 인격체로 대우했다. 매화는 이황이 추구하던 '인간 내면의 청진(淸眞)' 그 자체의 상징이다. 이황은 한국 시인 중 매화를 주제로 가장 많은 시를 쓴 사람이다. "매화시첩"은 그가 평생 남긴 매화 시 107수 중에 62제 91수를 손수 따로 묶어 낸 시집이다. 그중 "매화 가지를 꺾어 책상 위에 꽂아 두다"(折梅揷置案上)란 시를 소개한다.[57]

매화송이가 봄을 맞아 찬 기운을 띠었구나   梅萼迎春帶小寒

한 가지 꺾어다가 창문 아래 마주 본다   折來相對玉窓間

56 이선옥, 《사군자》(파주: 돌베개, 2011), 21p.
57 김기현, 안도현, 《열흘 가는 꽃이 없다고 말하지 말라》(서울: 휴먼앤북스, 2012), 86p.

산중 밖 벗님을 잊지 못해라　　　　　　故人長憶千山外
시들어가는 천상의 향기를 두고 보기 어렵구나　不耐天香瘦損看

성경은 인간을 나무나 꽃으로 의인화할 때가 많다. 시편 92편
은 의인을 종려나무와 백향목으로 나타낸다. 종려나무는 열매가
수백 개로 풍요를 상징한다. 엘림에 종려나무 70그루가 있어서 이
스라엘 백성들이 그 그늘에서 쉬기도 하였다(출 15:27). 솔로몬은 성
전 벽에 종려나무를 부조로 새겨 넣었다(왕상 8:29). 성경에서 종려
나무는 '의인'(시 92:12), '신부의 품위와 미모'(아 7:7-8), '영화로운 통
치자'(사 9:14) 등을 상징한다. 예수님이 예루살렘에 입성하실 때
백성들은 종려나무 가지를 "호산나 다윗의 자손이여 찬송하리
로다 주의 이름으로 오시는 이여 가장 높은 곳에서 호산나"(마
21:9)라고 영접하였다.

백향목은 만년설이 뒤덮인 레바논에서 자라는 존귀한 나무
다. 전나무 비슷하게 생겼는데 단단하고 향이 좋아 집을 지을 때
많이 사용된다. 다윗의 궁궐 이름이 백향목 궁(a House of Cedar)이
다. 다윗은 어느 날, 선지자 나단에게 "볼지어다 나는 백향목 궁
에 살거늘 하나님의 궤는 휘장 가운데에 있도다"(삼하 7:2)라고 죄
송한 마음을 아뢰었다. 훗날 솔로몬이 성전을 지을 때 가장 많이
사용한 나무가 백향목이다.

여룹바알의 막내아들 요담은 악한 형 아비멜렉이 형제 칠십
명을 죽이고 세겜의 상수리나무 기둥 곁에서 스스로 왕이 되려

　　　　　　　　　　　　　　　　　　　　야곱의 기도

할 때, 가시나무 비유로 아비멜렉을 비난하였다(삿 9장) 가시나무
는 폭군의 상징이다. 예수님은 복음서에서 제자들을 포도나무
가지라 인정하셨다. 또 믿는 이들을 무화과나무라 한다. 무화과
(無花果)는 말 그대로 꽃은 없지만, 열매를 맺는 나무이다. 이는 우
리 그리스도인들이 꽃의 화려함보다는 열매로 그 나무의 존재
가치를 나타내라는 말씀이다. 예수님은 "나무는 각각 그 열매로
아나니 가시나무에서 무화과를, 또는 찔레에서 포도를 따지 못
하느니라"(눅 6:44)고 말씀하셨다.

나의 빛깔과 향기에 알맞은 이름을 불러 주는 것처럼, 자기
의 독특성을 꽃이나 나무에서 찾아보는 것도 유익하다. 인간은
자연의 한 부분이기에 자연 묵상을 잘하면 자아 발견에 큰 도움
이 된다. 로렌스도 앙상한 겨울나무를 묵상하다 하나님의 임재
를 깊이 체험하고 자기를 알게 되었다. 성 프란치스코는 '태양의
노래'에서 자연을 통한 깊은 자아의식과 하나님의 영광을 노래
한다. 다윗은 "하늘이 하나님의 영광을 선포하고 궁창이 그 손으
로 하신 일을 나타내는도다"(시 19:1) 고백한다.

기도할 때
자아의 자각이 일어난다

　　　　　　　　　　　언제부터인지 우리는 평균과
평준화란 말에 익숙해 있다. 고교평준화, 하향평준화, 복지 평준

화, 평준화 정책 등 다방면에서 사용되는 말이다. 언뜻 보면 평준화란 말은 참 좋아 보이지만, 그 이면엔 부작용도 많다. 특히 신앙과 영성의 관점에서 평준화란 많은 문제가 있다.

평균과 평준화에 대한 잘못된 신화는 아돌프 케틀러(A. Quetelet, 1796~1874)의 "평균적 인간"이란 개념에서 시작되었다. 케틀러는 평균의 아버지 또는 근대 통계학의 아버지라고 불린다. 스물세 살에 수학 박사가 된 그는 만유인력의 법칙을 발견한 뉴턴처럼 유명해지길 원했다. 그의 관심 주제는 우주와 천체 연구에서 인간의 인체 연구까지 다양하다. 1840년 케틀러는 매우 의미 있는 연구를 하였다. 그는 에딘버러 의학전문지가 스코틀랜드 병사 5,738명의 가슴둘레를 잰 기초 자료를 가지고 평균치가 39.75인치인 것을 알아냈다. 이것은 과학적으로 인체의 특징에 대해 평균값을 낸 최초의 사례이다.[58]

케틀러는 1864년 벨기에 정부 의뢰로 최초의 인구조사를 설계하였는데, 이것은 현대의 모든 인구조사의 표준이 되었다. 이

---

58 토드 로즈, 정미나 역, 《평균의 종말》(서울: 21세기북스, 2018), 52p. 케틀러의 연구는 링컨에게도 큰 영향을 주었다. 링컨은 효율적인 군사전략을 위해 케틀러의 이론을 따라 북군의 신체를 측정하여 미군 군대의 표준 설계 원칙을 세웠다. 케틀러의 평균적 인간이란 개념을 기업에 처음으로 정착시킨 사람이 테일러(Taylor)이다. 테일러는 10대에 프로이센에서 2년간 유학하면서 평균주의 개념을 알게 되었다. 후에 테일러가 창안한 표준화(standardization)는 테일러주의로 불리는데, 기업 경영의 표준화를 불러왔다. 여기에서 인사부, 기획실, 능률성 향상 전문가, 산업 조직 심리학, 컨설팅 등의 개념과 새로운 학문이 탄생하게 된다. 《평균의 종말》, 68-79p.

후 그의 영향은 미국군대 조직, IQ 연구, 나이팅게일의 간호 적용, 칼마르크스의 공산주의 경제이론, 공중위생, 테일러의 산업 공정 표준화 시스템, 심리학 등 전역에 영향을 미쳤다. 심리학의 아버지 빌헬름 분트는 "아리스토텔레스를 제외한 그 어떤 철학자들보다 통계적 평균이 심리학에 대해 더 많은 것을 알려 준다고 말해도 과언이 아니다"라고 말했다.[59]

케틀러의 영향을 받은 수학자 프란시스 골턴은 인간을 최하위 계층인 '저능층'에서부터 중간 계층인 '평범층' 그리고 최상층인 '우월층' 등, 14가지 계층으로 분류했다.[60] 골턴의 계층분류는 평균을 정상의 개념에서 평범함의 개념으로 바꾸어 놓았다. 1900년대 초반에 인간을 능력별로 하위에서부터 상위까지 분류하는 관념이 사회 전체로 확산되었다. 이후로 케틀러의 '평균적 인간 개념'과 골턴의 '계층 개념'이 사회 전반에 무의식적으로 스며들었다. 현재 '평균적 인간 개념'과 '계층 개념'은 전 세계 교육시스템, 회사의 채용 관행, 직원들의 업무 평가 시스템 등에 작동하고 있다. 즉, 평균에 미달된 사람은 저능한 인간으로 도태되며, 평균치보다 높은 사람은 우수한 사람으로 인정되어 칭찬받고 상을 받는 세상이 되었다.

그러나 평준화 신화에 의문을 제기하는 사건이 1940년대 미

---

59 《평균의 종말》, 58p.
60 《평균의 종말》, 61p.

국 공군에서 일어났다. 조종사들에게 원인을 알 수 없는 사고가 계속 일어난 것이다. 사고 원인을 조종 미숙이나 기체 결함 등에서 찾았지만 발견할 수 없었다. 결국 사고 원인을 조종석에서 찾아 내었다. 문제는 1926년 당시 수백 명의 조종사의 신체 치수의 평균치에 맞게 조종석을 제작한 것이다. 엔지니어들은 1950년 4,000여 명 조종사의 140가지 항목의 신체 치수를 재어 평균화하고 전형화(typing)하였다. 개선된 평균 치수에 맞게 조종석을 개조하였으니 사고가 줄어들 것이라 여겼다.

그러나 대니얼스 중위는 여기에 의문을 품었다. 그는 평균적 조종사의 전형화에 의문을 품고 키, 가슴둘레, 팔 길이, 엉덩이 크기, 다리 길이 등 조종석과 연관성이 높은 10개 항목을 비교하였다. 놀랍게도 4,063명의 조종사 가운데 10개 항목의 평균치에 일치한 사람은 한 사람도 없었다. 역설적으로 평균적 수치에 맞추어 제작된 조종석에 맞는 사람이 단 한 사람도 없었던 것이다.[61]

대니얼스의 연구 결과는 평준화의 심각한 모순을 밝혀 주었다. 개개인성에 대한 전제나 이해 없는 평준화는 누구에게도 맞지 않는다는 것이 입증되었다. 즉 평균적인 사람은 아무도 없다

---

61 《평균의 종말》, 21-22p. 모든 사람의 신체는 개개인마다 독특성을 갖고 있기에 평균값으로 만든 비행기 조종석이 모두에게 맞지 않는 역설이 나타났다. 자동차 운전석도 이전엔 고정되었으나, 요즘은 앞뒤로 움직이거나 위아래로 움직이게 설계되었다. 왜냐하면 운전자의 신체 조건이 개개인마다 모두 다르기 때문이다.

는 것이다. 모든 사람은 각자 독특성을 가지고 있을 뿐이다. 이 것을 토드 로즈는 들쭉날쭉의 원칙, 맥락의 원칙, 경로의 원칙으로 설명한다.[62]

평준화와 개개인성은 지금도 여전히 부딪히는 인간 이해의 두 축이다. 지금도 가정, 학교, 회사, 교회에서 평균치(IQ, 아파트, 연봉, 학점 등)보다 낮은 사람들은 열등하다고 여긴다. 반면 평균치를 뛰어넘는 사람은 우월하다고 칭찬받는다. 옛날 학창 시절에 우월반 혹은 '나머지 공부반'(열등반)에서 공부해 본 경험이 있지 않은가. 한마디로 평균 점수로 사람을 평가한 자존심 상한 일들이었다. 평균치를 기준으로 누군가를 높다거나 혹은 낮다고 평가하는 일이 지금도 공공연히 일어나고 있다.

시편 139편은 하나님이 인간을 하나님의 형상대로 신묘막측 (神妙莫測)하게 창조하셨음을 강조한다.

주께서 내 내장을 지으시며 나의 모태에서 나를 만드셨나이다

---

62 토드 로즈는 한 사람 한 사람의 역량은 더욱 중시되고 우리가 추구해야 할 가치는 '개개인성'임을 강조한다. 저자는 개개인성의 원칙을 '들쭉날쭉의 원칙', '맥락의 원칙', '경로의 원칙' 세 가지로 설명한다. '들쭉날쭉'은 인간은 일차원적으로 설명할 수 없는 매우 복잡한 존재로, 평균적으로 판단하는 체격이나 지능도 세분화하면 사람마다 들쭉날쭉 다르다는 것이다. '맥락'은 MBTI 같은 성격유형 판단처럼 일반화할 수 없고, 상황과 맥락에 따라 성격의 표출이 달라진다는 것이다. '경로'는 삶의 여정은 여러 갈래이며, 가장 잘 맞는 경로는 각자의 개개인성에 따라 다르다는 것이다. 이처럼 인간, 상황, 경로의 개개인성 즉 다양성을 이해하지 않고서는 진정한 개인과 교육의 의미를 알지 못한다.

내가 주께 감사하옴은 나를 지으심이 심히 기묘하심이라 주께서 하시는 일이 기이함을 내 영혼이 잘 아나이다 내가 은밀한 데서 지음을 받고 땅의 깊은 곳에서 기이하게 지음을 받은 때에 나의 형체가 주의 앞에 숨겨지지 못하였나이다 내 형질이 이루어지기 전에 주의 눈이 보셨으며 나를 위하여 정한 날이 하루도 되기 전에 주의 책에 다 기록이 되었나이다 하나님이여 주의 생각이 내게 어찌 그리 보배로우신지요 그 수가 어찌 그리 많은지요 내가 세려고 할지라도 그 수가 모래보다 많도소이다 내가 깰 때에도 여전히 주와 함께 있나이다(시 139:13-18)

다윗은 자기 자신을 신묘막측한 존재로 인식한다. 영어 성경에서는 신묘막측이란 단어를 wonderful(훌륭한, 놀랄만한), marvellous(기적적인) 같은 단어로 표현한다. 하나님은 각 사람을 상상할 수 없는 엄청난 신비로운 존재로 창조하셨다. 붕어빵을 찍어 내듯이 사람을 만든 것이 아니다. 하나님은 각 사람을 개개 인성, 개별성, 독특성을 가진 존재로 창조하셨다. 세계 80억 인구 중에 얼굴이 똑같은 사람은 단 한 사람도 없다. 일란성 쌍둥이도 자세히 보면 얼굴이 다르다. 1센티미터 밖에 되지 않는 지문을 보면 놀랍기 그지없다. 그 조그만 엄지손가락에 어떻게 각기 다른 80억 개의 지문을 그려낼 수 있을까. 세상의 모든 사람은 각자의 성격, 장단점, 개성, 달란트, 기질, DNA 등 모두 자기만의 독특성을 갖고 있다. 이런 의미에서 모든 인간은 역사와 세상에서 유일한 존재이다. 나와 똑같은 존재는 역사 이전에도 이후에도 없다. 나는 나다. 하나님의 형상대로 지음 받은 독특한 존재이다. 그러기에 누구도 평균값을 기준으로 높다거나 낮다고 평가할 수 없다.

하나님이 네 이름이 무엇이냐 물으실 때, 야곱은 무의식세계에 숨어 있던 자기를 자각하게 되었다. 그래서 "제 이름은 야곱, 사기꾼입니다"라고 고백한다. 의식과 무의식으로 분열된 자아가 하나님 앞에서 이름을 아뢸 때, 통합되며 진정한 자기 정체성을 깨닫게 된다. 야곱이 깨달은 자기의 진짜 모습은 사기꾼이다. 심리학자 융은 한 사람의 독특한 성격과 분열되지 않은 통합된 인격을 '개성화'라 한다.[63] 야곱은 하나님이 이름을 불러주었을 때, 진정한 자기가 되는 것을 경험하게 된 것이다.

현대인들은 MBTI나 애니어그램 등 연구로 만든 검사를 통해 자신을 알아 간다. 그러나 우리는 기도하면서 나란 존재가 하

---

63 머린 스타인, 김창환 역,《융의 영혼의 지도》(서울: 문예출판사, 2019), 249p. 융의 이론에서 개성은 우리의 가장 내적이고 궁극적이며 유일무이한 고유성을 뜻한다. 참된 나다움은 개성화를 통해 이루어질 수 있는데, 개성화는 하나의 치유 과정이며, 건강한 자아를 만들어 가는 자기 인식 과정이다. 따라서 개성화를 자기화(selfhood) 혹은 자기실현(self-realization)이라 말할 수 있다. 인간이 개성화될 때 한 차원 높은 성숙된 관계를 형성하게 된다. 개성화된 인간은 첫째, 의식과 무의식 수준에서 모두 자기 자신을 잘 이해하고 있다. 즉 자아의 자각이 있다. 둘째, 자기 탐색의 시기에 자신에게 드러나는 것을 받아들인다. 즉 자기 수용이 이루어진다. 셋째, 성격의 모든 측면이 통합되고 조화를 이루어 모든 것이 표출될 수 있다. 즉 자기 통합을 이룬다. 넷째, 자기 자신을 있는 그대로 나타내고 솔직한 생각과 기분을 표출한다. 즉 온전한 자기표현을 할 줄 안다.

나님의 형상대로 창조된 특별한 존재인 것과 자기다움을 깨닫는다. 세상이 말하는 평균치를 벗어나 자기다움을 발견하는 것, 다른 사람과 비교하여 우월감 혹은 열등감에서 벗어나 참다운 나를 깨닫는 것, 하나님을 만나 자기 이름의 의미를 알고 자기다움을 깨닫는 것이 바로 기독교 영성에서 추구하는 기도다.

하나님을 아는 지식과
나를 아는 지식

종교개혁자 칼뱅의 《기독교강요》의 대전제는 "하나님을 아는 지식과 나 자신을 아는 지식은 서로 연결되어 있다"(《기독교강요》I, i, 1)이다. 하나님을 아는 만큼 나 자신을 아는 것이고, 나 자신을 아는 만큼 하나님을 알 수 있다는 것이다. 두 지식은 동전의 양면과 같아서 서로 분리될 수 없다. 둘은 각기 다르지만 하나로 통합되는 지식이다. 하나님을 정확히 알면 알수록 자기 자신이 누군지를 정확하게 알게 된다.

믿음의 조상 아브라함은 조카 롯을 위해 중보기도 할 때, 자기 자신을 티끌 같은 존재로 인식하며 기도한다.

아브라함이 대답하여 이르되 나는 티끌이나 재와 같사오나 감히 주께 아뢰나이다(창 18:27)

Then Abraham spoke up again: 'Now that I have been so bold

as to speak to the Lord, though I am nothing but dust and ashes.'(NIV)

아브라함이 자신을 하나님 앞에서 '티끌 같은 존재'로 인식했다는 것은 매우 중요하다. 티끌과 먼지 하나에 불과한 존재가 전능하신 하나님께 감히 기도드리는 것이다. 기도하면서 자기 자신이 티끌에 불과하다는 사실을 깨닫는 것이다. 티끌은 히브리어로 아파르(עָפָר)인데, 인간 몸의 구성 요소인 흙(창 2:7, 욥 10:9), 무가치하거나 하찮은 것(창 18:27, 욥 30:19), 혹은 작고 가볍거나 수가 많음(출 8:16, 창 13:16)을 나타낸다.[64] 티끌에 불과한 존재가 전능한 하나님께 도움을 청하는 것, 이것이 진짜 기도이다. 하나님 앞에 진지하게 기도하면 인간은 자기가 누군지를 알게 된다. 기도하며 아브라함은 자기가 티끌임을 깨달았다. 자아의 자각이 일어난 것이다. 이게 신앙이 성숙해지는 것이고 철드는 것이다.

베드로는 밤새도록 그물을 던졌지만, 고기를 한 마리도 잡지 못한 채 허탈하게 뒷정리를 하고 있었다. 그때 예수님이 깊은 곳에 그물을 던지라 말씀하셨다. 베드로는 "선생님 우리들이 밤이 새도록 수고하였으되 잡은 것이 없지마는 말씀에 의지하여 내가 그물을 내리리이다"(눅 5:5) 하고 순종하였다. 그 결과 베드로와 요한의 두 배에 가득 차고도 남게 물고기를 잡았다. 그런 기

---

64 청지기 편집부,《청지기 성경사전》(서울: 청지기, 1995), 1365p.

적을 체험한 베드로가 예수님 앞에 무릎을 꿇고 말하길 "주여 나를 떠나소서 나는 죄인이로소이다"(눅 5:8)라고 고백한다.

베드로는 기적을 통해 예수님이 하나님의 아들임을 아는 순간 자기가 죄인임을 깨달은 것이다. 사람이란 참 묘한 존재여서, 작은 은혜를 받으면, 할렐루야! 감사하며 헌금을 하고 떡 잔치를 베푼다. 그러나 진짜 깊은 은혜를 받으면 떡 잔치가 아니라, 자기가 죄인임을 깨닫게 된다. 자아의 자각이 일어난다. 소위 성인들의 특징은 자기가 죄인임을 뼈아프게 알고 아파한다는 것이다. 다윗도 사도 바울도 그랬다.

> 내가 죄악 중에서 출생하였음이여 어머니가 죄 중에서 나를 잉태하였나이다(시 51:5)
> 미쁘다 모든 사람이 받을 만한 이 말이여 그리스도 예수께서 죄인을 구원하시려고 세상에 임하셨다 하였도다 죄인 중에 내가 괴수니라(딤전 1:15)

20세기 영국의 영성가인 에벌린 언더힐(Evelyn Underhill)은 영성 형성을 네 단계로 설명한다. 첫째, 자아의 자각 둘째, 자아의 정화 셋째, 자아의 조명 넷째, 하나님과의 일치 혹은 연합이다. 이것은 5세기의 위-디오니시우스(Pseudo-Dionysius)가 말한 정화, 조명, 일치의 전통적인 영성 형성 과정에 '자아의 자각'(the

awakening of the self)을 첨가한 것이다.[65] 진정한 신앙생활의 출발점
엔 자아의 자각이 있다. 내가 누군지를 분명히 알고 인지하는 일
이다. 아브라함은 자기가 티끌에 불과한 존재임을 알았고, 베드
로는 자기가 죄인임을 알았다. 내가 누군지를 명확히 알 때 비로
소 진정한 기도가 가능해진다. 하나님 앞에 내가 누군지를 알지
못하면 기도와 신앙이 오리무중일 때가 많다. 믿긴 믿는데 무엇
을 믿는지, 하나님이 누군지, 내가 누군지 가늠이 안 되고, 안개
속의 가로등처럼 희미할 때가 많다.

칼뱅은 하나님을 아는 지식과 나를 아는 지식이 서로 연결되
어 있다고 한다. 인간이 진정으로 하나님을 알면 내가 누군지를
명확하게 알게 된다. 곧 하나님 앞에 비친 나의 모습은 크게 두
가지이다. 하나는 하나님의 형상대로 창조된 거룩한 피조물이
다(창 1:27). 또 하나는 베드로처럼 나란 존재가 죄인임을 아는 것
이다. 결국, 인간 이해의 핵심적인 두 가지는 하나님의 형상대로
지음 받은 '거룩한 피조물'인 동시에 '죄인된 나'이다. 이 두 가
지를 명확하게 알면, X축과 Y축에서 좌표를 찍듯이 나란 존재가
누군지, 어디 있는지, 무엇을 해야 하는지 분명히 알게 된다. 그
리고 그 연장선상에서 영성 형성이 이루어지고 자기가 가야 할
신앙의 방향이 보인다.

인간 이해에 한 가지를 덧붙인다면, 인간이란 감정의 존재란

---

65 이경용,《칼빈과 이냐시오의 영성》(서울: 대한기독교서회, 2010), 32-44p.

것이다. 하나님의 형상대로 지음 받은 인간은 지정의(知情意)를 가진 인격적인 존재인데, 그중에 감정 이해는 너무 중요하다. 감정으로서의 인간을 알지 못하면 인간 이해는 껍데기에 불과하다. 누구나 경험하는 것이지만 가정, 교회, 회사, 인간관계에서 감정 문제만큼 복잡한 것도 없다. 신앙생활에서 넘어가야 할 마지막 고개는 감정 문제다. 영성 형성의 마지막 고개도 감정 문제다. 감정 이해를 다음과 같은 그림으로 표현해 보았다.

| 인간 이해 |

아우구스티누스는 인간 영혼의 기능을 지성, 기억, 의지로 본다. 그러나 현대인은 지정의로 보는 데 익숙하다. 감정이란 마치 맹장과 같아서 평소에는 있는 둥 없는 둥 하지만, 한번 성을 내면 모든 것을 뒤집어엎는다. 사람을 죽이기도 하고 때려 부수

기도 하고 욕을 하기도 한다. 누구도 '나는 감정을 잘 알아', '나는 감정을 마스터했어'라고 말할 수 없다. 감정으로서의 인간 이해가 없이는 참된 인간 이해는 불가능하다.[66] 80억 인구의 지문이 모두 다르듯이 감정 지문도 모두 다르다. 감정 지문이 다르다는 것은 각자 독특성이 있다는 것이다. 하나님은 나와 당신을 인류 역사상 '단 한 사람의 존재'로 창조하셨다. 하나님은 나만의 독특한 감정을 가진 존재로 우리를 창조하셨다. 여기에 나다움을 찾아가야 할 이유가 있는 것이다.

신앙 성장 성숙의 핵심은 자아 발견과 성품의 변화이다. 바울은 "너희 안에 그리스도 예수의 마음"(빌 2:5)을 품고 닮아 가라고 강권한다. 예수님의 마음과 성품을 닮지 못한 신앙은 떫은 맛이 있는 땡감같을 뿐이다. 내가 누군지를 아는 것은 인간 이해의 핵심이다. 진정한 자아의 자각 없이는 신앙 성숙은 사실상 불가능하며 헛다리를 짚는 것에 불과하다. 결국 하나님 형상으로서의 나, 죄인으로서의 나, 감정을 가진 존재로서의 나, 이 세 가지가 인간 이해와 영성 형성의 핵심축이다.

---

66 참고, 《감정치유기도》, 유해룡, 권혁일 《영혼의 친구》(서울: 키아츠, 2018), "영 식별로서의 감정 성찰과 영성지도", 300-311p.

나를 발견하는 은총과
조하리의 창

　　　　　　　디트리히 본회퍼(Dietrich Bonhoeffer, 1906~1945)는 독일이 자랑하는 신학자이며 목회자이다. 그는 17세에 튀빙겐 대학교에 입학해 21세에 베를린대학교에서 신학박사 학위를 받고 24세에 대학교수 자격을 취득한 천재 신학자였다. 그는 제2차 세계대전 중, 히틀러의 하수인이 되어 가던 독일 교회와 맞서 싸운 평화주의자였다. 본회퍼는 '미친 운전수는 차에서 끌어내야 한다'며 목사 신분으로 히틀러의 암살을 계획하였다. 그러나 안타깝게도 체포되어 1945년 4월 9일 사형당하였다. 이날은 히틀러가 자살하기 15일 전이었고, 독일이 공식 항복하기 한 달 전이었다. 본회퍼는 옥중에서 쓴 "나는 누구인가"란 시를 통해 진정한 자기 정체성에 대한 고민을 이렇게 토로한다.

　　남들은 가끔 나더러 말하기를
　　감방에서 나오는 나의 모습이
　　어찌나 온화하고 명랑하며 확고한지
　　마치 자기 성곽에서 나오는 영주 같다는데

　　나는 누구인가?
　　남들은 또 나에게 말하기를

감시원과 말하는 나의 모습이
어찌나 자유롭고 친절하고 분명한지
마치 내가 그들의 상전과 같다는데

나는 누구인가?
남들은 또 나에게 말하기를
불우한 날들을 참고 지내는 나의 모습이
어찌나 평온하게 웃으며 당당한지
마치 승리만을 아는 투사와 같다는데

남의 말의 내가 참 나인가?
아니면 나 스스로 아는 내가 참 나인가?
새장에 갇힌 새처럼 불안하고 그리워하며 약한 나
목에 졸린 사람처럼 살고 싶어 몸부림치는 나

빛과 꽃과 새소리에 주리고
친절한 말 따뜻한 말동무에 목말라 하고
석방의 날을 안타깝게 기다리다 지친 나
친구의 신변을 염려하다 지쳤다

이제는 기도에도 생각과 일에도 지쳐 공허하게 된 나
지쳐 이 모든 것에 안녕이라고 말할 준비가 된 나

이 둘 중에 어느 것이 나인가?

오늘은 이 사람이고 내일은 저 사람인가?

아니면 이 둘이 동시에 나인가?

남 앞에선 위선자,

자신 앞에선 비열하게 슬픔에 찬 약한 나인가?

아니면, 이미 성취된 승리 앞에서 혼란하여

퇴각하는 패잔병과 같은 것이 내 안에 아직도 있단 말인가?

나는 누구인가?

나의 이 적막한 질문이 나를 희롱한다

하지만 내가 누구이든, 오 하나님, 당신은 아십니다

나는 당신의 것임을!

'나는 누구인가'란 질문은 단지 옥중에 갇혀 죽음을 기다리는 본회퍼의 질문만은 아니다. 살아 있는 모든 사람은 나는 누구인가란 질문에서 자유롭지 못하다. 남이 보는 나, 내가 알고 있는 나, 내가 모르는 나, 하나님이 보고 계시는 나, 나란 존재는 다양하게 설명된다.

조하리의 창(Johari's Window) 이론이 있다. 1955년에 미국의 심리학자인 조셉 루프트(Joseph Luft)와 해리 잉햄(Harry Ingham)이 발표한 이론으로, '조하리'는 두 사람 이름의 앞부분을 합성한 용어이다. 조하리의 창은 자기 공개(self-disclosure)와 피드백(feedback)이라는 두 측면에 의해 네 영역으로 구분된다. 네 영역은 열린 영역(Open Area), 맹인 영역(Blind Area), 숨겨진 영역(Hidden Area), 미지의 영역(Unknown Area)이다. 조하리의 창 이론을 그림으로 나타내면 다음과 같다.[67]

| 조하리의 창 1 |

	자신이 아는 부분	자신이 모르는 부분
타인에게 알려진 부분	열린 영역	맹인 영역
타인이 모르는 부분	숨겨진 영역	미지의 영역

| 조하리의 창 2 |

	자신이 아는 부분	자신이 모르는 부분
타인에게 알려진 부분	열린 영역	→ 맹인 영역
타인이 모르는 부분	↓ 숨겨진 영역	미지의 영역

---

67 김민주, 《경제 법칙 101》(고양: 위즈덤하우스, 2011), 264p.

열린 영역은 나 자신과 다른 사람이 모두 다 알고 있는 영역이다. 이름, 나이, 성별 등이다. 열린 영역이 넓을수록 인간관계가 수월해진다. 맹인 영역은 자기 자신은 모르지만 다른 사람이 알고 있는 영역이다. 가령, 자기도 모르게 하는 언어 습관, 말투, 행동 등이다. 이 영역이 넓으면 다른 사람들로부터 독선적이란 평가를 받기 쉽고 오해받을 여지가 많아진다. 숨겨진 영역은 자기 자신만 알고 있고 다른 사람은 모르는 것이다. 자기 약점이나 비밀을 드러내지 않고 다른 사람에게 숨기는 것이다. 예컨대, 감정, 은밀한 과거, 열등감, 쓴 뿌리 같은 것처럼 가면 속에 숨긴 나의 모습이다. 이것이 많으면 속을 모르는 사람이 되고, 대인 간 갈등이 많아질 수 있다. 미지의 영역은 나도 모르고 타인도 모르는 무의식 영역을 말한다. 열등감과 마음의 상처가 많은 경우 미지의 영역은 넓어지게 된다. 이 영역은 자기 자신도 모르고 다른 사람도 모르기에 갈등 잠재력이 매우 크다.

한 사람을 온전히 이해하려면 적어도 네 차원의 접근이 필요하다. 자기 공개와 피드백을 통해 열린 영역을 더 넓게 만들어 가는 것이 필요하다. 이것을 신학적으로 말하면 자아의 자각과 타인에 대한 이해와 배려가 넓어지는 것이다. 우리는 기도를 통해 특별히 네 번째 영역인 미지의 영역을 알아 간다. "열 길 물속은 알아도 한 길 사람 속은 모른다"는 속담처럼 누구도 자기 자신을 다 아는 이는 없다. 나를 알아 가는 가장 좋은 방법은 기도할 때, 하나님이 조명의 빛을 비추어 주셔서 미지의 영역을 보게 하시는 것이다.

본회퍼는 '나는 누구인가'란 시에서 '조하리의 창'의 네 모습을 다 언급한다. 열린 영역은 목사, 히틀러를 암살하려던 시대의 의인이란 것이다. 맹인 영역은 남들이 자기를 당당한 영웅과 투사로 봐주는 것이다. 그러나 정작 타인이 모르는 숨겨진 영역에서 그는 새장에 갇힌 새처럼 불안하고 살고 싶어 몸부림치고 있었다. 마침내 그는 미지의 영역을 말한다. "내가 누구이든, 오 하나님, 당신은 아십니다. 나는 당신의 것임을!"이라고 믿음의 고백을 한다.

야곱도 '조하리의 창' 이론에 비춰볼 수 있다. 열린 영역은 에서와 갈등하여 외갓집으로 도망친 사나이다. 또 노력 끝에 자수성가에 성공한 인물이다. 숨겨진 영역에서 그는 에서에 대한 불안으로 하루도 편할 날이 없는 가엾은 존재이다. 그러다 마침내 얍복강에서 브니엘, 하나님을 대면하고 지렁이 같던 야곱이 이스라엘로 변한다(사 41:14). 자기 스스로 꽤 똑똑한 사람이라고 착각했지만, 하나님 앞에서 자기 이름을 말함으로써 사기꾼이라는 자신의 실체를 깨닫는다. 자아의 자각이 일어나며 자기의 실상을 본 것이다. 결국, 신앙의 성장과 성숙이란 조하리의 창 도표 1에서 2로 점점 옮겨 가는 모습이다.

기도란 무엇인가? 기도 중에 나의 이름을 부르는 하나님의 음성을 듣는 시간이다. 그리고 내 이름이 무엇을 의미하는지 곰곰이 성찰하는 시간이다. 아니 하나님 앞에서(코람 데오, Coram Deo)

자기 이름을 진솔하게 아뢰는 순간, 섬광 같은 하나님의 빛이 임하여 내가 누군지를 깨닫는 시간이다. 선지자 이사야도 성전에서 스랍을 보며 하나님의 영광을 빛을 보는 순간, "화로다 나여 망하게 되었도다. 나는 입술이 부정한 사람이라"고 자기가 죄인임을 깨달았다(사 6:5). 내 이름의 진정한 의미를 아는 순간, 비로소 자기 자신을 발견한 것이다. 내가 누구인지, 자기 자신을 발견하고 깨닫는 것은 실로 위대한 일이다. 자아의 자각은 기도 중에 일어나는 특별한 은총이다.

✳

6장.
나를 누구라 부르시는가
   - 소명을 발견하는 기쁨을 누리라

야곱, 이스라엘이 되다

한국 사람은 중요한 맹세를 할 때, "내가 만일 약속을 어기면 성을 갈아 버리겠다"란 말을 종종 한다. 여기서 성이란 남성 여성의 성(性)이 아니라, 이름 성(姓)씨를 말한다. 한국 사람은 이름이나 성씨를 바꾸는 것을 커다란 모욕으로 여긴다. 일제강점기에 창씨개명(創氏改名)을 강요당할 때, 많은 이들이 거부하거나 자결하였다. 수십 년이 지난 지금도 창씨개명한 사람들의 일본 이름이 언론에 오르내리며 비난을 받기도 한다.

성경에서 이름을 바꾸는 것은 부정적인 의미보다는 긍정적인 의미가 더 크다. 성경에서 이름을 바꾸는 것은 단순히 정치적인 배경이나 이해관계보다는 하나님의 섭리와 은혜의 사건인 경우가 더 많다. 요셉은 형들의 시기 질투로 애굽에 종으로 팔려갔다. 우여곡절 끝에 애굽의 총리가 되고, 태양의 도시 온(On)의 제사장 보디베라의 딸 아스낫과 결혼하였다. 그때 바로는 요셉의 이름을 사브낫바네아(Zaphnath-paaneah)로 개명해 주었다(창 41:45). 이 뜻은 하나님이 말씀하심, 비밀을 드러내는 자, 세상의 구세주라는 뜻이다.

야곱은 얍복강에서 기도하다가 하나님의 음성을 두 번 들었다. 첫 번째 음성은 "네 이름이 무엇이냐?"란 질문이다. 이것은 야곱의 정체성을 묻는 질문이다. 야곱이 "제 이름은 야곱입니다" 고백하자, 조금 후에 하나님은 야곱의 이름을 이스라엘로 고쳐 주셨다.

> 그가 이르되 네 이름을 다시는 야곱이라 부를 것이 아니요 이스라엘이라 부를 것이니 이는 네가 하나님과 및 사람들과 겨루어 이겼음이니라(창 32:28)

야곱 곧 속이는 자, 사기꾼이 이스라엘 하나님과 겨루어 이긴 자라는 엄청난 이름으로 바뀌는 순간이다. 이것은 야곱 스스로 한 것이 아니다. 하나님이 바꾸어 주신 것이다. 야곱이라는 이름은 아카브(עקב)에서 왔다. 아카브는 '뒤에 있다', '발꿈치를 잡다', '속여 넘기다'는 뜻을 지닌 말로써 약삭빠른 사기꾼 냄새가 물씬 풍긴다. 얍복강 기도를 통하여 사람에게도 인정받지 못하던 야곱이 하나님을 이긴 자로 탄생한 것이다.

이스라엘에 대한 일반적인 설명은 이스라엘이 '고군분투하다', '영향을 미치다', '승리하다'라는 뜻의 히브리어 샤릿(שרית)에서 파생했다고 본다. 그러나 브니엘에서 일어난 변화와 깊이의 이해를 돕는 '이스라엘'의 이름을 해석하는 또 다른 방법이 있다. 이스라엘은 야샤르-엘(אל-ישר)이라고 읽을 수 있다. 히브리어

야샤르(ישר)는 곧고 정직하며 명예롭고 법을 준수하는 것을 의미한다. 성경적 용법으로 '올바르고, 신을 두려워하는 사람'을 의미한다. 반면, 야곱(야아코브, עקב)은 속여 넘기다, 비뚤어지다란 뜻이다.[68]

이사야 선지자는 '고르지 아니한 곳(העקב)이 평탄하게 된다'(이사야 40:4)[69]고 말씀한다. 즉 야곱의 이름이 이스라엘로 바뀐 것은 하나님이 '사기치고 비뚤어지고 울퉁불퉁한' 야곱의 인격을 올바르고 곧게 만들어 주신 것이다. 하나님이 야곱에게 이스라엘이란 이름을 부여하신 것은 머리에 왕관을 씌어 준 것보다 더 큰 일이다. 야곱이 이스라엘로 이름이 바뀐 후, 그 인생과 품격이 달라진다. 야곱은 이름이 바뀌면서 지렁이 같던 존재에서 거룩한 존재로 신분이 바뀐다.

> 지렁이 같은 너 야곱아, 너희 이스라엘 사람들아 두려워 말라
> 나 여호와가 말하노니 내가 너를 도울 것이라 네 구속자는 이
> 스라엘의 거룩한 자니라(사 41:14, 개역한글)

조선 25대 왕 철종은 강화도령으로 더 잘 알려져 있다. 그의 처음 이름은 원범(元範)이다. 헌종이 23세의 젊은 나이에 죽고 후

---

68 IsraelBiblicalStudies.com, Yakov Rosenberg.
69 "골짜기마다 돋우어지며 산마다, 언덕마다 낮아지며 고르지 아니한 곳이 평탄하게 되며 험한 곳이 평지가 될 것이요"(사 40:4).

손이 없자, 왕위를 이을 가장 가까운 친척을 찾는데 그가 강화도령이다. 왕족인 강화도령 이원범은 혼란한 정국에 휩싸여 강화도로 유배되어 농부로 살아갔다. 그가 강화도령으로 있을 때는 사람들이 그를 하찮은 농부로 보았지만, 왕이 된 후에는 지존의 존재로 신분이 바뀌어 상감마마가 되었다. 철종 사망 후, 흥선대원군 이하응의 둘째 아들 명복이 왕위에 올라 고종황제가 된다. 사람이란 묘한 존재여서 신분이 바뀌면 호칭이 달라지고, 이름이 바뀌면 신분도 달라진다.

야곱이 이스라엘로 이름이 바뀐 것은 속이고 약삭빠르고 자기만 아는 사기꾼이 인격적이고 믿을 만한 품격 있는 하나님의 사람으로 거듭난 것을 말한다. 이스라엘이란 이름은 개인의 이름일 뿐만 아니라 한 민족의 자랑스러운 국호이기도 하다. 여러 역사적인 우여곡절이 있었지만, 그러나 이스라엘이란 이름은 지금도 신앙적으로나 국가적으로 강력한 영향을 미치고 있다.

하나님이 바꿔 주신
이름의 의미

성경 속에는 이름이 바뀐 사람들이 많이 있다. 대표적인 사람이 아브라함이다. 아브라함은 99년 동안 아브람(Abram)이란 이름으로 살았고, 나머지 175세까지는 아브라함(Abraham)으로 살았다. 하나님이 아브람을 우르와 하란에서 가나안 땅으로 불러내신 것은 75세였다. 하나님은 그 즉시 이름을 바꾸어 주시지 않았다. 자그마치 24년을 기다리다 99세가 되었을 때, 아브라함으로 이름을 바꾸어 주셨다.

> 이제 후로는 네 이름을 아브람이라 하지 아니하고 아브라함이
> 라 하리니 이는 내가 너를 여러 민족의 아버지가 되게 함이니
> 라(창 17:5)
>
> No longer will you be called Abram : your name will be
> Abraham, for I have made you a father of many nations(NIV)

하나님은 왜 24년을 기다리다 99세가 되었을 때, 이름을 바꾸어 주셨을까. 부르자마자 바로 이름을 바꾸어 주시면 안 되었던 걸까? 아브람(אברם)은 '높은 아버지', '높임 받는 아버지'라는 뜻이다. 아마도 아브람이 높은 사람이 되기를 원하는 아버지 데라의 마음이 반영된 것으로 보인다. 데라는 갈대아 우르에서 달 신인 씬(Sin) 우상을 만들어 파는 사람이었다. 그러기에 자기 아들도 사람들로부터 높임 받는 존재(제사장)가 되라고 아브람으로 이름을 지어 준 것이다. 아들을 향한 세상 모든 아버지의 마음은 똑같다.

탈무드엔 데라와 아브라함에 대한 재미있는 이야기가 전해진다. 우상을 만들어 파는 데라가 하루는 외출하며 아들 아브라함에게 우상을 잘 지키도록 하였다. 아버지가 사라지자 아브라

함은 우상들의 모가지를 모두 날려 버렸다. 돌아온 아버지가 노발대발하자 아브라함은 태연하게 우상들이 서로 싸워서 저리되었노라 말했다. 데라는 아들에게 움직이지 못하는 우상들이 어떻게 싸우느냐고 화를 냈다. 그러자 아브라함은 차분하게 '아버지는 움직이지도 못하는 우상을 왜 만들어 파십니까?'라고 말했다.[70] 하나님은 이런 아브라함을 우상의 도시에서 가나안으로 불러내셨다.

아브람이 99세가 되던 해 하나님은 아브람의 이름을 아브라함으로 바꿔 주셨다. 그 결정적인 사건이 바로 할례이다. 아브람은 가나안땅에 들어온 후, 열심히 단을 쌓고 여호와의 이름을 부르고, 가는 곳마다 여호와의 단을 쌓았지만, 여전히 우상숭배자 아버지 데라가 지어 준 이름 아브람으로 살았다. 그러나 하나님이 아브람이 99세 되었을 때 찾아오셔서 중요한 언약을 맺으신다.

> 아브람이 구십구 세 때에 여호와께서 아브람에게 나타나서 그에게 이르시되 나는 전능한 하나님이라 너는 내 앞에서 행하여 완전하라 내가 내 언약을 나와 너 사이에 두어 너를 크게 번성하게 하리라 하시니 아브람이 엎드렸더니 하나님이 또 그에게 말씀하여 이르시되 보라 내 언약이 너와 함께 있으니 너는 여

---

70 김세권, 《삶을 흔드는 창세기 읽기》(서울: 크리룸북스, 2017), 93p.

이 중요한 언약 후에 하나님은 아브람에게 할례를 명하셨다. 하나님은 남자의 포피를 베는 할례를 언약의 표징으로 삼으셨다(창 17:11). 아브람이 아브라함으로 이름이 바뀌는 결정적인 시간이 바로 할례와 연결된다. 할례는 과거의 우상숭배의 잔재와 죄된 삶의 흔적을 잘라 버리는 예식이었다. 할례는 창조적 단절이다. 할례는 일종의 스티그마로 하나님을 만난 흔적이고 상흔이다. 옛사람이 죽고 새 사람으로 거듭나는 것이다. 사도 바울도 "이후로는 누구든지 나를 괴롭게 하지 말라 내가 내 몸에 예수의 흔적을 지니고 있노라"(갈 6:17)고 말한다.

할례를 받은 후 아브람이 아브라함(אברהם)으로 이름이 바뀌었다. '높은 아버지' 아브람에서 '열국의 아버지' 아브라함으로 이름이 바뀌고 신분도 바뀐다. 더불어 하나님은 사래의 이름을 사라(שרה, 열국의 어머니)로 바꿔 주셨다. 아브람이 아브라함이 되는 것과 사래가 사라가 되는 것에는 묘하게도 'ה(헤)'라는 히브리 단어가 첨가된다. 히브리어 알파벳 'ה'는 '숨구멍', '소망'이라는 뜻이 있다. 곧 아브람과 사래는 우상의 숭배자가 되어 세상에서 출세하고 높아지길 바랐지만, 하나님은 이름을 바꾸어 주시면서 모든 인류의 생명의 소망이 되라는 사명도 함께 주셨다. 개명(改名), 사람의 이름이 바뀌는 것엔 이처럼 엄청난 영적 의미가 있다. 이름이 바뀔 때 하나님의 부르심(calling)과 사명(mission)이 있다.

예수님의 수제자 베드로는 이름이 여러 개이다. 원래 이름은 히브리어로는 시므온(שמעון), 헬라어로는 시몬(Simon)이라고 불리는 이름이었다. 그런데 예수님이 아람어로는 게바(Cephas), 헬라어로는 베드로(페트로스, πέτρος)라고 이름을 바꾸어 주셨다(요 1:40-42).

예수님은 시몬을 처음 본 순간 대뜸 그의 이름을 바꾸어 주셨다. 네 이름이 요한의 아들 시몬이지만, 장차 게바, 곧 베드로가 될 것이라면서 말이다. 시몬의 뜻은 '응답하셨다'이다. 그 당시 아주 흔한 이름으로 신약성경에만 시몬이란 이름을 가진 사람이 열 명이나 나온다. 우리식으로 말하면 철수, 영수 정도의 이름이다. 시몬이란 이름이 흔하기에 이름 앞에 아버지의 이름을 붙여 "요한의 아들 시몬아"(요 1:42), "바요나 시몬아"(마 16:17)라고도 부른다. 예수님은 베드로가 "주는 그리스도시오 살아 계신 하나님의 아들이십니다"란 위대한 신앙고백을 할 때, "바요나 시몬아"라고 부르셨다(마 16:16-18).

'바요나 시몬'은 '요나의 아들 시몬'이란 뜻으로 요나는 '요하난', 즉 '요한'의 축소형이다. 예수님을 만나기 전에 시몬은 고기 잡는 어부로 살았다. 그러나 예수님을 만난 후 시몬은 사람을 낚는 어부가 되었고 그 이름도 베드로로 바뀌었다. 예수님은 '고기 잡는 어부' 시몬을 '사람 낚는 어부' 베드로로 이름을 바꾸어 주신 것이다.

아브라함, 사라, 야곱 외에 성경 속에 이름이 바뀐 사람들은 많다. '슬픔의 아들'이란 뜻의 베노니가 '오른 손의 아들'이란 뜻의 베냐민으로(창 35:18), '그가 더하신다'는 뜻의 요셉이 '세상의 구원자'라는 뜻의 '사브낫바네아'로(창 41:45), '벌목하는 자'라는 뜻의 기드온이 '바알과 다툰다'는 뜻의 여룹바알로(삿 6:32), '화평함, 평화'라는 뜻의 솔로몬이 '하나님의 사랑을 받는 자'라는 뜻의 여디디야로(삼하 12:25), '하나님은 나의 심판'이란 뜻의 다니엘이 '왕의 생명을 지켜 주시옵소서'라는 뜻의 벨드사살로(단 1:7), 하나냐가 사드락으로, 미사엘이 메삭으로, 아사랴가 아벳느고로, 야고보와 요한이 '우뢰의 아들'이란 뜻의 보아너게(막 3:17)로. '큰 자'라는 뜻의 사울이 '작은 자'라는 뜻의 바울로(행 13:9) 바뀌었다. 하나님을 진정으로 만나면 이름이 바뀐다. 이름만 바뀔 뿐만 아니라, 인생이 전적으로 달라진다.

인생의 B to D,
calling과 choice 사이

"인생은 B to D"란 말이 있다. 알파벳 순서상 B와 D 사이에는 C가 있다. 어느 날, 대학생 딸이 재미난 개똥철학 이야기를 했다. 아마 강의 시간에 교수에게 무엇인가 듣고 감동이 된 모양이다.

"아빠! 인생은 B to D란 것 알아?"

"응, 알지."

"그럼 B와 D 사이에 C가 무엇이게?"

"그야 당연히 Choice(선택)지."

"그것도 맞아. 그런데 사실은 그게 아니야. C는 Chicken(치킨)이야."

젊은 친구들에게 C란 치킨과 맥주구나 말하면서 한바탕 웃었다.

프랑스의 실존주의 철학자, 장 폴 사르트르(J. P. Sartre)는 B와 D는 탄생(birth)과 사망(death)을, C는 선택(choice)을 뜻한다고 말했다. 이 응축된 메시지를 풀면, '인생이란 태어나서 죽을 때까지 수많은 선택의 기로에 서게 된다. 그러므로 매번 신중하게 잘 선택해야 한다'는 뜻일 게다. 말 그대로 인생은 선택의 연속이다. '오늘은 무슨 옷을 입지?', '오늘 점심은 뭘 먹지?', '대학에서 전공은 무얼 하지?', '커서 어떤 일을 할까?', '누구와 결혼하지?' 등 인생은 고민과 선택의 연속이다.

그러나 세월이 좀 지나면, 인생이란 것이 내 선택대로 되지 않는다는 것을 깨닫게 된다. 특별히 하나님을 믿는 그리스도인들은 인생이란 것이 내 선택대로 되기보다는 하나님의 부르심(calling)과 섭리란 것을 고백하게 된다. 젊어서는 인생이 내 선택대로 되는 것처럼 보이지만, 중년을 넘어서면 인생이란 내 선택보다는 하나님의 부르심과 인도하심이 있음을 인정할 수밖에 없다.

나 역시 40대 50대를 넘기면서 '인생이란 게 내 맘대로 되지 않는구나', '하나님의 섭리가 분명히 있구나'라는 것을 뼈저리게 느낀 적이 있다. 그것은 서울 한 교회에서 부목사로 목회하다 미국 유학을 준비했는데 비자 거부를 당한 일에서 시작되었다. 미국행이 막히면서 생각하지도 않은 토론토에서 공부를 하게 되었고, 갑자기 '아, 내가 지금 여기 있는 것은 내 계획이 아니구나. 하나님의 이끄심, 섭리구나'라는 것을 강렬하게 느꼈다. 그 순간 머리부터 발끝까지 온몸에 전율이 밀려오며, 온몸의 털들이 쭈뼛 서는 것만 같았다. 하나님의 살아 계심과 임재가 온몸에 강력하게 밀려왔다.

사도 바울은 젊어서는 자기 뜻대로 선택하며 삶을 사는 듯했지만, 다메섹에서 부활의 주님을 만난 후, 그의 인생관이 180도 달라진다.

> 내가 이전에 유대교에 있을 때에 행한 일을 너희가 들었거니와 하나님의 교회를 심히 박해하여 멸하고 내가 내 동족 중 여러 연갑자보다 유대교를 지나치게 믿어 내 조상의 전통에 대하여 더욱 열심이 있었으나 그러나 내 어머니의 태로부터 나를 택정하시고 그의 은혜로 나를 부르신 이가 그의 아들을 이방에 전하기 위하여 그를 내 속에 나타내시기를 기뻐하셨을 때에 내가 곧 혈육과 의논하지 아니하고 또 나보다 먼저 사도 된 자들을 만나려고 예루살렘으로 가지 아니하고 아라비아로 갔다가 다시 다메섹으로 돌아갔노라(갈 1:13-17)

사도 바울은 하나님이 자기를 택정하시고 부르셨다고 고백한다. 곧 부르심에 대한 확신이다.

오스 기니스(Os Guinness)는 그의 책 《소명》(The Call)에서 "소명이란, 하나님이 우리를 그분께로 부르셨기에, 우리의 존재 전체, 우리의 행위 전체, 우리의 소유 전체가 특별한 헌신과 역동성으로 그분의 소환에 응답하여 그분을 섬기는 데 투자된다는 진리이다"라고 정의한다.

소명에 대한 성경적 개념은 네 가지이다. 첫째, 소명은 매우 단순한 의미로 부르셨다는 것이다. 둘째, 구약에서 부른다는 것은 이름을 붙인다는 것이고, 이름을 붙인다는 것은 어떤 것을 만들거나 존재하게 한다는 것이다. 창세기 1장에서 하나님은 빛을 낮이라 칭하시고, 어두움을 밤이라 칭하셨다(called). 셋째, 소명은 신약에서 구원과 동의어로 사용된다. 소명은 하나님이 사람들을 그리스도를 따르는 자가 되도록 그분에게로 부르셨다. 곧 부름받은 자들(교회)을 의미하는 에클레시아(ecclesia)이다. 넷째, 신약성경에서 소명은 확장된 의미로 사용되는데, 제자들을 부르시어 그들에게 제자도를 가르쳐 주셨다.[71] 즉 제자들을 영원한 생명과 고난으로, 섬김과 복음 전하는 자로 부르셨다.

이러한 소명의 의미는 세월이 지나며, 일차적인 소명과 이차적인 소명으로 분류된다. 일차적인 소명(Primary call)은 그분에 의

---

71 오스 기니스, 홍병룡 역, 《소명》(서울: IVP, 2001), 50-52p.

한, 그분을 향한, 그분을 위한 것이다. 이것은 우리가 하나님께 부름받은 것이지, 무엇인가 일 때문에 부름 받은 것이 아니라는 것이다. 이차적인 소명(Secondary call)은 모든 것을 다스리는 주권 적인 하나님을 기억하고 모든 사람이, 모든 곳에서, 모든 것에서 전적으로 그분을 위하여 생각하고, 말하고, 살고 행해야 한다는 것이다. 곧 이차적인 소명은 구체적인 일로 나타난다. 우리는 각 자 주부, 법조인, 농부, 목회자, 사업가 등으로 부르심을 받는다. 일차적 소명이 '바로 그 소명'(the Calling)이라면 이차적 소명은 '소명들'(Callings)이다.[72]

소명에 대한 이해는 시대마다 조금씩 다르게 해석되어 왔다. 초기 가톨릭 시대는 '완전한 삶'으로 수도자와 사제로의 부르 심과 '허용된 사람'으로 정치, 농업, 상업, 주부 등으로 이해하였 다. 이러한 이분법적인 소명 이해는 종교개혁가 루터에 의해 크 게 바뀌었다. 루터는 "교회의 바벨론 감금"[73]에서 "수도사와 사 제의 일이 아무리 거룩하고 힘들다 하더라도, 하나님이 보시기 에는 들에서 시골 사람들이 하는 노동이나 여성이 하는 집안일 과 조금도 다르지 않다. 모든 일은 하나님 앞에서 믿음으로 측량 될 뿐"이라고 말한다. 또 루터는 《결혼생활》(1522)에서 남자가 어 린 자녀의 기저귀를 갈 때, 하나님과 천사들이 미소를 짓는다고

---

72 《소명》, 55p.
73 흔히 학자들은 루터의 종교개혁 3대 논문으로 "독일 크리스천 귀족에게 보내는 글",
    "교회의 바벨론 감금", "크리스천의 자유"를 꼽는다.

선언했다. 윌리엄 틴데일(William Tyndale) 우리의 소원이 하나님을 기쁘시게 하는 것이라면, 물 긴는 것과 설거지, 구두 고치는 것과 말씀 전하는 일은 모두 하나라고 말하였다.[74]

하나님의 부르심을 두 가지로 볼 수 있다. 하나는 우리를 구원으로 부르심이며 다른 하나는 사명과 일로 부르심이다. 전자를 '비포 콜링(Before Calling)'이라 할 수 있다. 하나님은 모든 사람을 구원으로 부르신다. 특별히 믿는 이들은 구원으로의 부르심에 응답한 이들이다. 하나님은 모든 인간을 하나님을 찬양하도록 창조하셨다. "이 백성은 내가 나를 위하여 지었나니 나의 찬송을 부르게 하려 함이니라"(사 43:21). 먼저 구원으로 부름 받은 사람들은 구원의 감격을 찬양과 예배로 드러낸다. 두 번째 부름은 '애프터 콜링(After Calling)'이라 할 수 있는데, 이는 구체적인 삶의 직업으로 표현된다. 어떤 이는 교사로, 법조인으로, 농부로, 의사로, 주부로 부르심을 받았다. 그중에 목사나 수도사로 부름 받은 이들도 있다.

한국 교회 상황에서는 부르심을 목회자로 부르심으로 좁게 보는 경향이 강하다. 아마 이것은 선배 목회자들과 부모 세대들이 목회자로 부름 받은 것을 지나치게 강조하다 보니, 하나님의 부르심을 신학교와 목회자로 부름으로 협소하게 생각한 것 같다. 지금도 신학교 면접시험에서 가장 강조하는 것이 '소명 의

---

74 《소명》, 57-58p.

야곱의 기도

식'이다. 면접 때 정말 하나님의 부름을 받았는지 교수들이 질문하고 답하면서 정말 내가 신학도로 목회자로 부르심을 받았는지 고민하며 자기 정리를 하는 기회가 된다.

분명한 사실은 하나님의 부르심이 꼭 목회자나 선교사로의 부르심만은 아니란 것이다. 목회도 일반목회와 특수목회, 교목, 군목, 선교사 등 수십, 수백 가지가 있다. 하나님은 지금도 우리를 다양하게 부르시어 하나님의 영광을 높이기 원하신다. 또 마태복음 25장 달란트 비유처럼 한 달란트, 두 달란트, 다섯 달란트로 각각 주신 사명과 달란트를 통해 복음을 전하며 자기다움을 이루어 가게 하신다.

나의 사명
S.T.O.R.Y 발견하기

자기의 사명을 발견하기란 말처럼 쉽지 않다. 바울 같은 경우 다메섹에서 부활하신 예수님이 나타나셔서 직접 바울의 이름을 부르시고 이방인의 사도로 부르셨다. 이 경우는 그야말로 하늘에서 소위 직통 계시를 주신 것이다. 이렇다면 우리는 고민할 필요가 없다. 각자에게 하나님이 하늘의 음성으로 너는 이것을 하여라. 너의 일생은 이러하니라 말씀해 주신다면 무슨 걱정과 방황이 있겠는가.

그러나 태어날 때, 탯줄을 자른 배에 '너는 앞으로 이런 직업을 갖게 될 예정'이란 문신을 갖고 태어나는 사람은 하나도 없다. 또 자기의 이력서를 미리 프린트해서 손에 쥐고 태어나는 사람도 없다. 인간이란 좌충우돌하며 하루하루를 살아가는 동안 자연스럽게 은사를 발견하고 달란트를 알아 갈 뿐이다. 물론 예외적인 극소수의 사람이 있겠지만, 그것도 끝까지 가 봐야만 알 수 있다.

맥스 루케이도(Max Lucado)는 그의 책《일상의 치유》에서 각 사람은 하나님이 주신 자기만의 독특한 은사와 달란트 곧 사명이 있다고 한다. 모든 인간은 우연의 산물이 아니다. 모든 인간은 하나님이 고유하게 디자인하여 이 세상에 태어나게 한 존재들이다. 행동유전학자들은 이렇게 말한다.

"남성과 여성은 각각 정자와 난자 10만3,000개 정도를 만들어 낼 능력이 있다. 정자와 난자 하나하나는 저마다 독특한 유전자 세트를 가지고 있다. 한 여성이 생산한 난자 10만3,000개 가운데 하나와 남성이 생산한 정자 10만3,000개 가운데 하나가 만나서 인간이 된다는 점을 감안하면, 똑같은 유전자를 가진 인간이 출현할 확률은 현재와 미래를 통틀어 제로에 가깝다."[75]

---

75   맥스 루케이도, 최종훈 역,《일상의 치유》(서울: 청림출판, 2008), 65-66p. 영어 원제는 *Cure for the Common Life: Living in Your Sweet Spot*이다.

한 인간이 세상에 태어난다는 것은 신묘막측한 일이다. 그런 인간이 우연히, 아무런 목적 없이 태어날 리 없다. 성경은 모든 사람이 반드시 달란트가 있고 삶의 목적이 있다고 한다. 그것이 사명이다. 그럼 어떻게 각자의 사명을 알 수가 있을까? 맥스 루케이도는 자기의 스윗 스팟(Sweet Spot)을 찾으라 권면한다.

스윗 스팟이란 스포츠 용어로, 공을 칠 때 가장 이상적인 타구가 이루어지는 어느 부분을 말한다. 야구 방망이가 공을 정통으로 치면 홈런이 나온다. 엔지니어들이 스포츠 용품을 만들 때 스윗 스팟을 만드는 것처럼 하나님도 인간에게 스윗 스팟을 마련해 주셨다. 곧 사명을 발견하고 삶의 목적이 분명한 사람, 그로 인해 행복을 누리는 삶을 말한다. 스윗 스팟을 그림으로 보면 다음과 같다.[76]

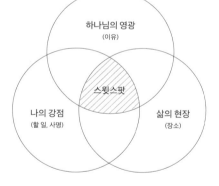

---

76 《일상의 치유》, 25p. 저자는 마치 야구공이 스윗 스팟을 맞으면 홈런이 되는 것처럼, 각자 자기만의 장점을 정확히 알고 살아가면 인생을 승리하며 살아갈 수 있음을 비유적으로 말한다. 스윗 스팟은 자기만의 강점 발견과 지금의 삶의 형편과 하나님 영광을 위해 살고자 하는 비전이 합쳐질 때 일어난다.

스윗 스팟을 찾으려면 각자의 S.T.O.R.Y를 발견해야 한다.[77]

S는 나의 강점(strenghts)이 무엇인가를 찾는 것이다. 하나님은 각 사람에게 각자의 독특한 장점과 달란트를 주셨다. 성경은 우리에게 주신 은혜대로 받은 은사가 각각 다르다(롬 12:6)고 한다.

T는 관심사(topics)가 무엇인가 하는 것이다. 어떤 사람은 자연이나 동물에, 어떤 이는 기계나 자동차, 혹은 그림이나 음악에 관심이 저절로 간다. 출애굽기의 브살렐은 성막을 지을 때 그의 장점을 사용해 금은과 놋으로 거룩한 그릇을 만들었다.

O는 최적의 조건(Optimal Conditions)을 말한다. 구조대원은 예측할 수 없는 날씨와 기후를 스릴로 즐기며 일한다. 반면 은행원은 안정된 분위기에서 반복되는 수치가 정확하게 맞아떨어질 때 일하는 보람을 느낀다.

R은 관계(relationships)를 말한다. 어떤 이는 축구나 농구처럼 팀플레이를 좋아한다. 반면 어떤 이는 골프나 등산처럼 홀로 운동하는 것을 좋아한다. 자신에게 맞는 관계 유형을 찾는 것이 중요하다.

Y는 저절로 "예스(Yes)!"라고 외치게 만드는 무엇을 말한다. 영화 "불의 전차(Chariots of Fire)"에서 주인공 에릭 리들은 누이에게 자신이 달리는 이유를 이렇게 말한다.

"창조주께서 빨리 뛰는 재주를 주셨어. 그리고 달릴 때마다

---

77 《일상의 치유》, 71-78p.

주님이 기뻐하시는 걸 느껴.”

나의 강점과 관심사, 최적의 조건과 관계 유형이 한데 어울려 저절로 “그렇고 말고! 오, 예스!” 즉 “유레카(Eureka)!”라고 외칠 수 있는 그것을 찾는 것이 바로 사명이다.

**클라크 교수의 사명,
“소년이여, 야망을 가져라”**

일본 홋카이도대학교에 윌리암 클라크(William S. Clark, 1826-1886) 박사의 동상이 있다. 그 아래에는 “소년이여 야망을 가져라(Boy's be ambitious)”란 글귀가 있다. 매사추세츠농대 학장으로 있던 클라크는 1876년 삿포로농학교(현재 홋카이도대학교) 교장으로 초청되었다. 일본은 1868년 메이지 유신(明治維新)을 단행하며 신일본을 건설하기 위해 국정 전반에 새로운 바람을 불어넣었다. 그중 하나가 불모지 북해도를 개발하는 것으로 그 중심에 삿포로농학교가 있다.

독실한 기독교인인 클라크는 선교의 비전을 품고 삿포로농림학교 교장으로 1년간 봉직하였다. 클라크가 떠날 때, 삿포로학교 1기생 전원이 기독교인이 되어 있었다. 클라크의 뜨거운 신앙 열정과 지성이 일본 청년들의 마음을 사로잡았다. 클라크는 유명한 “예수님을 믿는 자들의 서약”을 만들어 제자들과 함께 서명하였다. 그 내용은 다음과 같다.

"예수님을 믿는 자들의 서약"

아래에 서명한 S.A(Sapporo Agricultural College)의 학생들은 그리스
도의 명령에 따라 그를 고백하기를 원하고, 십자가 위에서 죽
으심으로 우리의 죄를 대속하신 복된 구세주에 대한 우리의 사
랑과 감사를 나타내기 위해 모든 기독교의 의무를 참된 충성으
로 행하기를 원하며, 그의 왕국을 진전시켜 그의 영광과 죽음
으로 베풀어 주신 구원을 널리 선전하기를 간절히 원하는 마음
으로 이 순간 이후로 하나님의 신실한 제자가 되고, 그의 가르
침의 정신과 글을 엄격하게 지키며 살고, 언제든지 적절한 기
회가 되면, 우리의 신앙을 점검받고 세례를 받아 복음주의 교
회에 입회할 것을 하나님과 서약하고, 서로 서약한다.

첫째, 우리는 성경이 하나님이 인간에게 주신 언어로 된 유일
한 직접 계시임을 믿으며, 영광스런 미래의 삶을 위한 오류가
없는 완벽하고 유일한 안내서임을 믿는다.

둘째, 우리는 우리의 자비로운 아버지가 되시고, 공정하고 절
대적인 통치자이시며, 우리의 궁극적인 심판관이 되실 영원하
신 하나님을 믿는다.

셋째, 우리는 하나님의 아들 안에서 믿음으로 진지하게 회개
하는 자는 죄를 용서받고, 인생을 사는 동안 성령님의 은혜로
운 인도를 받으며 하늘에 계신 아버지의 주의 깊은 섭리에 의
해 보호받으며, 결국에는 구원받은 거룩한 자들의 즐거움을 누

리게 될 것이나, 복음의 초대를 거절하는 사람은 모두 자기 죄 가운데서 죽을 것이며, 주님으로부터 영원한 형벌을 받을 것을 믿는다.

(중략)

우리는 '예수님을 믿는 자들'이라는 이름 아래 협회를 구성하며, 성경과 타 종교 서적이나 논문을 읽기 위해서, 그리고 회의와 공동 기도를 위해서, 함께 사는 동안 매주 한 번 혹은 그 이상의 모임에 성실하게 참석할 것을 약속하며, 우리는 성령님이 우리 마음속에 명백하게 임재하셔서 사랑을 불러일으키시고, 우리의 믿음을 굳게 해주시고, 우리를 구원하는 참지식에 이르도록 인도해 주시기를 간절히 바란다.

－1877년 3월 5일, 삿포로에서[78]

이 서약문에 1기생 15명의 이름이 적혀 있고, 그 아래 클라크의 서명도 있다. 클라크는 1년의 임기를 마친 후, "소년이여 야망을 가져라"란 작별 인사를 마치고 떠났다.

그 후 1기생들은 후배들에게 동일한 서약에 동참하기를 강조하였다. 2기생인 우치무라 간조(內村鑑三)도 선배들의 강력한

78 　우찌무라 간조, 양혜원 역,《우찌무라 간조 회심기》(서울: 홍성사, 2023), 35-36p.

강요로 거의 강제적으로 '예수 종교'의 문으로 들어갔다. 그러나 훗날 그는 그것이 하나님의 섭리이며 은혜임을 고백하였다. 세례를 받은 날, 그는 자신의 세례명을 조나단(Jonathan)이라 하였는데, 그것은 다윗과 요나단의 우정을 의미한다.[79]

우치무라 간조는 미국 유학 시절, 몇 번의 특별한 은혜를 체험하였는데, 4월 5일 부활절에 이렇게 기도하였다.

4월 5일 부활절 일요일

화창한 날이다. 영적으로 힘을 얻고, 내 인생에서 처음으로 천국과 영생을 어렴풋이 느꼈다! 측량할 수 없는 기쁨이여! 이러한 거룩한 기쁨을 한순간이라도 느끼는 것은 세상이 줄 수 있는 모든 기쁨을 수년간 누리는 것만큼의 가치가 있다. 나의 영적인 어두움을 갈수록 더 많이 느꼈고, 나는 빛을 달라고 간절히 기도했다.[80]

이렇게 기도하고 한 달 후부터 그는 2년 동안 구약 선지서를

---

79 《우찌무라 간조 회심기》, 43p. 우찌무라 간조는 1878년 6월 2일 일요일 여섯 명의 친구들과 함께 세례를 받았다. 그는 세례받은 것을 루비콘을 건넜다고 표현한다. 회심한 그들은 "온 세상 모든 백성 참 구원 얻도록"(저 북방 얼음산과 또 대양 산호섬) 찬송을 부르며 선교사로 헌신하였다.

80 《우찌무라 간조 회심기》, 198p. 우찌무라 간조는 이때의 영적 고양과 성령 충만을 마치 부화기 근처까지 성장한 것으로 느끼고, 머지않아 알이 깨지고 날개를 달아 구세주인 예수님께로 날아오르길 기대했다.

야곱의 기도

읽고 묵상하는 데 전념하였다. 그리고 그리스도와 사도들로부터 자기 영혼의 구원 문제를 배웠고, 선지자들로부터는 조국 일본을 어떻게 구원할 것인가를 배웠다고 고백한다.[81] 어느 날, 그는 자신의 성경 겉표지 뒤쪽에 다음과 같은 글을 써 놓았다.[82]

To be Inscribed upon my Tomb.

I for Japan,

Japan for the World,

The World for Christ;

And All for God.

나의 묘비명을 쓰다!

나는 일본을 위하여

일본은 전 세계를 위하여

전 세계는 그리스도를 위하여

그리고 이 모든 것은 하나님을 위하여

이것은 고린도전서 3장 마지막 부분인 "… 만물이 다 너희 것

---

81 《우찌무라 간조 회심기》, 205p. 우찌무라 간조는 특히 예레미야서를 읽으며 많은 감동을 받았다. 그의 일기에 "예레미야를 읽었다. 큰 감동을 받았다. 예레미야가 내게 매우 큰 감동을 주었다. 예레미야를 읽고 큰 유익을 얻었다"란 메모를 많이 남겼다. 203p.
82 《우찌무라 간조 회심기》, 271p.

임이라 바울이나 아볼로나 게바나 세계나 생명이나 사망이나 지금 것이나 장래 것이나 다 너희의 것이요 너희는 그리스도의 것이요 그리스도는 하나님의 것이니라"(고전 3:21-23) 말씀에 바탕을 두고 있다.

우치무라 간조는 1905년 2월 10일, 42세 되던 해에 자신이 발행하는 잡지 〈성서 연구〉에 '실망과 희망, 일본의 미래'란 제목의 글을 실었다. 그 글에서 자기에게는 두 개의 J 즉, Jesus와 Japan만 있다고 고백하였다. 그는 일본이 조선을 강제 합병하고 만주와 중국을 침략할 때 반전 평화운동을 펼쳤는데, 이 일로 일본 정부로부터 비국민(매국노, 賣國奴)으로 낙인찍혀 직장에서 추방당하고 사회 어느 곳에도 발붙일 수 없는 처지가 되었다. 그러나 그는 동경의 6평짜리 다다미방에서 초지일관 자신의 사명을 감당하며, 〈성서 연구〉를 발간하며 청년들의 혼을 성경으로 일깨우는 일에 몰두하였다. 이러한 사명감은 2차 대전 후, 큰 열매로 결실하였다. 그의 성서연구반 출신들은 전후 일본을 세우는 데 큰 역할을 하였다. 그의 문하생 중에 동경대학 총장 네 명과 교육부 장관 네 명 그리고 철인(哲人)정치가로 평가받는 오오히라 마사요시 수상이 있다.

우치무라 간조의 신앙적 영향력은 당시 한국인 동경 유학생들에게도 크게 미쳤다. 몇 명의 동경 유학생들이 1924년 모여 '조선성서연구회'를 결성하고 '조선을 성서 위에 세우자'는 꿈을 꾸기 시작하였다. 김교신, 함석헌, 송두용, 정상훈, 양인성, 유석동 여섯 명이 중심인물이다.[83] 이들은 귀국 후 1927년 〈성서조선〉이라는 기독교 동인지를 발행하였다. 우치무라 간조의 '일본을 성서 위에' 세우자는 비전이 동경 유학생들에게 전이되어, 조선 청년들은 '조선을 성서 위에' 세우자는 비전을 품게 되었다. 이 운동을 '성서조선 운동'이라 부른다. 류달영은 김교신의 권유로 《상록수》의 실존 인물인 최용신의 생애를 기술하여 《최용신 소전》을 성서 조선사에서 발행하였다. 김교신의 양정고보 제자인 손기정은 베를린 올림픽에서 마라톤 우승을 하였다.

클라크 교수 한 사람의 사명이 시대와 공간을 넘어 많은 이들에게 영향을 미쳤다. 때로 사명은 강요되고 강제된 것처럼 보인다. 사도 바울도 다메섹에서 예수님이 강제로 부르시고 만나 주셔서 이방인의 사도가 되었다. 우찌무라 간조도 선배들의 강요로 어쩔 수 없이 예수를 믿게 되지만, 훗날 그것은 하나님의 섭리며 사명임을 깨달았다. 소명이 하나님의 부르심이라면 사명은 하나님이 맡겨 주신 일이다. 때로 강제된 부름과 강요된 것을 하나님의 부름으로 알고 순종하는 것이 사명이다. 기도 중에 하나님의 부르심을 체험하고 확신한다면, 이보다 더 좋은 기도는 없을 것이다.

---

83 〈복음과 상황〉, 293호(2015년 3월), "특별기획: 김교신 서거 70주년, 한국 교회사에 남겨진 김교신의 자취".

✳

7장.
하나님의 얼굴을 뵈었는가
　　- 브니엘에서 하나님을 만나라

사흘만 볼 수 있다면

헬렌 켈러의 수필 "사흘만 볼 수 있다면"은 〈애틀랜틱 먼슬리(Atlantic Monthly)〉 1933년 1월 호에 발표되었다. 이 수필은 당시 경제 대공황에 시달리던 많은 사람에게 큰 위로를 주었다. "리더스 다이제스트"는 이 글을 20세기 최고의 수필로 선정하였다.

"만일 내게 유일한 소원이 하나 있다면, 그것은 죽기 전에 꼭 사흘 동안만 눈을 뜨고 세상을 보는 것이다. 만약 내가 눈을 뜰 수 있다면, 눈을 뜨는 첫 순간 나를 이만큼이나 가르쳐 준 스승 앤 설리번을 찾아갈 것이다. 지금까지 손끝으로 만져 익숙해진 그 인자한 얼굴, 그리고 그 아름다운 몸매를 몇 시간이고 물끄러미 바라보며 그 모습을 내 마음 깊숙이 간직해 둘 것이다. 오후엔 숲을 산책하며 자연의 아름다움에 흠뻑 취하고 싶다. 해 질 녘, 찬란하게 빛나는 아름다운 저녁놀을 볼 수 있다면 더 바랄 것이 없겠다.

둘째 날, 나는 새벽같이 일어나 밤이 낮으로 바뀌는 그 전율 어린 기적을 바라보련다. 나는 뉴욕 자연사박물관과 메트로폴리탄 미술관 작품을 관람한 후, 라파엘과 레오나르도 다빈치, 티

치아노, 렘브란트의 그림을 찬찬히 감상하고 싶다. 나는 예술을 통해 인간의 영혼을 탐색하는 일에 둘째 날을 사용하련다. 그리고 저녁은 연극이나 영화를 보며 지내고 싶다. 햄릿의 매력적인 모습과 엘리자베스 시대의 희극적 인물을 대표하는 뚱보 폴스타프의 모습을 내 눈으로 직접 볼 수 있다면 얼마나 좋을까!

마지막 날에는 나의 집이 있는 롱아일랜드의 포리스트힐에서 뉴욕 시내로 향하련다. 뉴욕의 매력적인 고층 빌딩들은 동화책에서 방금 빠져나온 것 같은 도시이리라. 나는 거대한 엠파이어 스테이트 빌딩의 꼭대기로 올라가 보고 싶다. 그것은 또 다른 세계를 보여 줄 것이다. 그리고 5번가 거리를 천천히 걸으며 만화경처럼 물결치는 사람들과 화려한 옷들을 보고 싶다. 그리고 쇼 윈도우에 진열된 아름다운 물건들을 눈에 담고 싶다. 그후 파크 에비뉴, 슬럼가, 공장지대, 어린아이들의 공원을 둘러보노라면 광명의 셋째 날이 끝나 가리라. 내가 시각장애인이기에 말이지만, 모든 감각 중에 시각이야말로 가장 아름다운 축복임에 틀림없다."[84]

헬렌 켈러는 마지막 부분에서 "내일 갑자기 장님이 될 사람처럼 여러분의 눈을 사용하세요"라고 부탁한다.

---

84 헬렌 켈러, 이창식·박에스더 역,《사흘만 볼 수 있다면》(서울: 산해, 2008), 23-39p.

야곱의 기도

모든 사람은 사랑하는 이들의 얼굴을 보고 싶은 본능이 있다. 애인의 얼굴이 보고 싶어 긴 밤을 뒤척인다. 꼴도 보기 싫던 말썽꾸러기 아들이 막상 군대에 가면, 그 얼굴이 사무치게 보고 싶어 기회만 되면 면회를 간다. 하나님은 인간에게 사랑하는 이들의 얼굴을 보고 싶어 하는 본능을 심어 주셨다. 얼굴은 그 사람을 나타내는 가장 큰 상징이자 실체이기 때문이다.

헬렌 켈러도 만일 자기가 눈을 뜰 수만 있다면, 그 첫 순간 나를 이만큼이나 가르쳐 준 스승 앤 설리번을 찾아가 인자한 얼굴을 몇 시간이고 물끄러미 바라보며 그 모습을 내 마음 깊숙이 간직해 두고 싶다고 고백한다. 그동안 손끝으로 만져 보았던 선생을 두 눈으로 직접 보고 싶은 갈망을 말한다. 백문이불여일견(百聞而不如一見)이란 말이 있다. 백 번 듣는 것보다 한 번 보는 것이 더 확실하단 말이다. 영어에 "보는 것이 믿는 것이다(Seeing is believing)"라는 말도 있다. 그만큼 인간에게 보는 것은 절대적으로 중요하다.

퇴계 이황은 매화가 피는 겨울 섣달 초순에 운명하였다. 그의 임종을 지켰던 제자 이덕홍은 그의 문집에서 그 당시 모습을 이렇게 묘사하고 있다.

"이날 침석에서 설사를 하시자, 매형에게 불결하여 미안하다고 말하시고 매분을 다른 곳으로 옮기게 하셨다."

그는 운명하던 날 아침 제자들에게 기르던 매화를 가리켜

"저 분매에 물을 주어라"고 명했다. 매화에 물을 주어라![85] 퇴계의 임종을 기록한 많은 책은 이 말이 그의 최후의 유언이라고 기록하고 있다.[86]

퇴계는 매화를 매우 아끼고 사랑하였다. 조선의 선비 대부분이 그러하듯 그는 사군자에 깊은 조예가 있었으며 그 중에도 매화에 더 깊은 애정이 있었다. 조선의 선비들은 매화를 격조 있게 불러 주었다. 맑은 손님이란 청객(淸客). 맑은 벗이란 청우(淸友), 얼음과 옥처럼 맑은 빙옥처사(氷玉處士) 등으로 불렀다. 매화의 격조는 곧게 자란 것보다 비스듬히 누워 성글고 수척한 것과 늙고 기괴한 것을 귀하게 여겼다.[87]

퇴계와 단양은 깊은 사연이 있다. 충북 단양에 퇴계와 두향의 전설 같은 아름다운 러브스토리가 전해지고 있다. 퇴계는 48세에 단양군수로 부임하였다. 당시 퇴계는 부인과 아들과 사별하고 깊이 외로워했다. 단양에 두향이란 아리따운 관기가 있었는데, 두향은 지혜로운 사람으로 퇴계의 마음을 얻기 위해 아름다운 매화분을 선물하였다. 퇴계는 사람의 마음은 받기 어려워도 매화분이야 받지 못하겠느냐며 두향의 매화분을 받아들였다. 매화를 통해 퇴계와 두향은 시와 마음을 나누며 정담을 키워 갔다.

그러나 퇴계의 넷째 형이 충청관찰사로 부임하면서, 형제가

85 이어령, 이동환,《한중일 문화코드읽기, 매화》(서울: 종이나라, 2006), 30p.
86 최인호,《유림6》(서울: 열림원, 2013), 236-239p.
87 강희안,《양화소록》(서울: 아카넷, 2012), 151-153p.

야곱의 기도

같은 지역에 근무할 수 없다는 상피제(相避制)에 따라 10개월 만에 풍기군수로 전임되었다.[88] 갑작스런 이별에도 퇴계는 두향이 선물한 매화를 챙겨 갔다. 그 후손인 도산매(陶山梅)가 지금도 도산서원 뜰에서 해마다 꽃을 피운다. 천원 지폐에는 퇴계의 초상과 함께 매화 20여 송이가 그려져 있다. 가장 현실적이고 세속적인 돈 속에 그려진 퇴계의 초상과 매화는 세월을 초월하여 퇴계와 두향의 사랑을 다시 꽃피워 주고 있는 것은 아닐까.

퇴계가 풍기 군수로 떠난 후, 두향은 관기에서 물러나 강선대에 올라 떠난 퇴계를 그리워하며 긴 세월을 지냈다. 충청도 단양에서 경상도 풍기까지는 죽령이 가로 놓여 있는데, 걸어서 하루나 이틀이면 갈 수 있는 거리다. 그러나 두향은 퇴계를 한 번도 찾아가지 않았다. 오로지 마음속으로 그리워하며 강선대를 거닐 뿐이었다. 관기란 자신의 신분이 퇴계에게 누가 될까 조심스러웠던 것이리라. 약 20년의 세월이 흐르고 퇴계가 죽었다는 소식을 들은 두향은 도산서원으로 달려가 먼발치에서 절하고 단양으로 돌아왔다. 두향은 죽으면서 자기를 강선대에 묻어 달라고 유언하였다. 강선대에는 두향의 묘가 있는데, 한평생 흠모하던 퇴계의 얼굴을 사모하던 여인의 사랑이 잠든 곳이다.[89]

---

88 상피제는 이해관계가 있는 가까운 사람이 같은 기관이나 지역에 근무하지 못하게 하는 제도다. 조선시대는 세종 때 확립되었는데, 적용 범위는 보통 친족·외족·처족 등의 4촌 이내로 한정했다. 상피제는 오늘날 이해충돌 방지법과 같은 것이다.
89 조선조 문인인 월암(月巖) 이광려(李匡呂 1720-1783)는 친구 서무수가 단양 군수로 있

브니엘,
하나님의 얼굴을 뵙다

　　　　　　　　　　기도 응답, 자기 발견, 사명 발견도 중요하지만, 기도의 마지막 종착역은 바로 하나님의 얼굴을 뵙는 것이다. 곧 브니엘이다. 하나님을 믿는 사람이라면 누구나 "하나님 한 번만 보여 주세요. 그러면 잘 믿을게요"란 기도를 해보았을 것이다. 야곱은 얍복강 기도의 끝자락에서 극적으로 하나님 얼굴을 뵙는 브니엘 체험을 한다.

　　그 사람이 그에게 이르되 네 이름이 무엇이냐 그가 가로되 야
　　곱이니이다 그 사람이 가로되 네 이름을 다시는 야곱이라 부
　　를 것이 아니요 이스라엘이라 부를 것이니 이는 네가 하나님
　　과 사람으로 더불어 겨루어 이기었음이니라 야곱이 청하여 가
　　로되 당신의 이름을 고하소서 그 사람이 가로되 어찌 내 이름
　　을 묻느냐 하고 거기서 야곱에게 축복한지라 그러므로 야곱이
　　그곳 이름을 브니엘이라 하였으니 그가 이르기를 내가 하나님
　　과 대면하여 보았으나 내 생명이 보전되었다 함이더라 그가 브

을 때, 단양을 여러 번 방문하였다. 두향 사후 150년이 지난 어느 날, 이광려는 두향의 무덤 앞을 지나다가 그녀를 흠모하는 시 한수를 이렇게 남겼다.

국도변에 외로운 무덤 하나　　孤墳臨官道
물가 모래에 어리는 붉은 꽃　　頹沙暎紅蕚
두향이란 이름 잊혀질 때야　　杜香名盡時
강선대 바위도 사라지리라　　仙臺石應落

　　　　　　　　　　　　　　　　　　　야곱의 기도

니엘을 지날 때에 해가 돋았고 그 환도뼈로 인하여 절었더라

(창 32:27-31)

So Jacob named the place Peniel, for he said, 'I have seen God
face to face, yet my life has been preserved' (30절, NASB)

야곱은 얍복강에서 홀로 기도하다 마침내 하나님의 얼굴을
뵙는다. 브니엘은 하나님의 얼굴이란 뜻이다. 얼굴을 히브리어
로 파님(פָּנִים, panim)이라 한다. 야곱은 하나님을 만난 장소를 브
니엘(בְּנִיאֵל, Penial)이라 불렀다. 곧 '하나님의 얼굴'을 말한다. 하나
님의 얼굴을 대면하여 본 것을 영어 성경은 'face to face'란 표현
을 쓴다. 얼굴과 얼굴을 마주본다는 뜻이다. 영성이 깊어지려면
face to face, heart to heart, spirit to spirit이 필요하다.

아담의 범죄 이후 사람은 하나님의 얼굴을 볼 수 없게 되었
다. 뱀의 유혹을 받은 아담과 하와는 선악을 알게 하는 나무 열
매(선악과)를 따 먹으면, 눈이 밝아져 하나님과 같이 선악을 알게
될 것을 기대했다. 그러나 정작 눈이 밝아져 본 것은 하나님의
얼굴이 아니라, 자기들의 벌거벗은 몸이었다(창 3:1-7). 하나님의
영광을 보기는커녕 오히려 자기들이 벌거벗은 수치를 본 것이
다. 선악과를 따 먹은 결과 선악을 따지는 능력은 각성되었지만,
결국은 하나님과 결별하게 되었다. 선악과를 따 먹은 후로 인간
들은 하나님의 얼굴을 뵐 수가 없게 되었다. 보약을 먹고 몸은
좋아졌는데, 눈이 멀고 만 것이다.

하나님은 아담과 하와를 에덴동산에서 영구히 추방하시고, 두루 도는 불 칼과 그룹들로 에덴동산을 지키게 하여 접근할 수 없게 하셨다. 창세기 3장 8절에 범죄 한 아담과 그의 아내가 여호와의 소리를 듣고 여호와 "하나님의 낯을 피하여 동산 나무 사이에 숨었다"는 것은 엄청난 의미가 있다. 범죄 한 아담과 후손들은 더 이상 하나님의 얼굴을 뵐 수 없게 되었다. 그러기에 에덴동산에서 추방당한 아담의 후손들은 내면 깊은 곳에는 하나님 아버지의 얼굴을 보고 싶어 한다. 아들이 아버지의 얼굴을 보고 싶어 하는 것은 당연한 본능이다. 하나님의 피조물인 인간들이 하나님 아버지의 얼굴을 보고 싶어 하는 것은 영적 본능이다. 모세도 하나님의 얼굴을 보고 싶어 했다.

모세가 이르되 원하건대 주의 영광을 내게 보이소서 여호와께서 이르시되 내가 내 모든 선한 것을 네 앞으로 지나가게 하고 여호와의 이름을 네 앞에 선포하리라 나는 은혜 베풀 자에게 은혜를 베풀고 긍휼히 여길 자에게 긍휼을 베푸느니라 또 이르시되 네가 내 얼굴을 보지 못하리니 나를 보고 살 자가 없음이니라 여호와께서 또 이르시기를 보라 내 곁에 한 장소가 있으니 너는 그 반석 위에 서라 내 영광이 지나갈 때에 내가 너를 반석 틈에 두고 내가 지나도록 내 손으로 너를 덮었다가 손을 거두리니 네가 내 등을 볼 것이요 얼굴은 보지 못하리라

(출 33:18-23)

야곱의 기도

모세가 간절히 하나님의 얼굴과 영광을 보기 원했을 때, 하나님 주신 답은 "네가 내 얼굴을 보지 못할 것이다. 나를 보고 살자가 없다"는 말씀이었다. 그 대단한 모세도 하나님의 얼굴 뵙기를 원했지만, 하나님의 등만 보았을 뿐이다. 그러나 후에 하나님은 모세를 통해 아론의 축도를 허락하셨다. 아론 축도의 핵심은 하나님의 얼굴이다.

여호와는 네게 복을 주시고 너를 지키시기를 원하며 여호와는 그의 얼굴을 네게 비추사 은혜 베푸시기를 원하며 여호와는 그 얼굴을 네게로 향하여 드사 평강 주시기를 원하노라 할지니라 하라(민 6:24-26)

예수님의 열두 제자 중 하나인 빌립도 하나님의 얼굴 뵙기를 구하였다. 예수님이 잡히시던 마지막 밤, 최후의 만찬이 마칠 무렵에 빌립은 이렇게 주님께 부탁드린다.

빌립이 이르되 주여 아버지를 우리에게 보여 주옵소서 그리하면 족하겠나이다(요 14:8)

빌립의 마음 깊은 곳에는 하나님 아버지의 얼굴을 직접 뵙고 싶은 갈망이 숨어 있었다. 빌립은 그 궁금증을 3년 지난 마지막 밤에 질문한 것이다. 이것은 빌립뿐 아니라, 우리 모두의 갈망이다. 과연 어떻게 하면 하나님의 얼굴을 뵐 수 있을까? 그때 예수님은 이렇게 말씀하셨다.

> 예수께서 이르시되 빌립아 내가 이렇게 오래 너희와 함께 있으되 네가 나를 알지 못하느냐 나를 본 자는 아버지를 보았거늘 어찌하여 아버지를 보이라 하느냐 내가 아버지 안에 거하고 아버지는 내 안에 계신 것을 네가 믿지 아니하느냐 내가 너희에게 이르는 말은 스스로 하는 것이 아니라 아버지께서 내 안에 계셔서 그의 일을 하시는 것이라 내가 아버지 안에 거하고 아버지께서 내 안에 계심을 믿으라 그렇지 못하겠거든 행하는 그 일로 말미암아 나를 믿으라(요 14:9-11)

예수님은 빌립에게 '나를 본 자는 이미 하나님을 본 것'이라 말씀하신다. 그러나 그 후의 말씀을 보면 빌립이 이 말씀을 흔쾌히 알아듣지 못한 것 같다. 어쨌든 모든 인간의 영혼 깊은 곳에 하나님 아버지의 얼굴을 뵙고 싶은 갈망이 원초적 그리움으로 숨어 있다. 인간은 하나님의 얼굴을 뵐 때 태산같이 굳게 설 수 있지만, 하나님 얼굴을 뵙지 못하면 불안하고 흔들리는 존재다. 20년 긴 불안의 끝자락에서 야곱은 얍복강 기도를 하고 마침내 브니엘, 하나님의 얼굴을 뵙게 된다.

우리가 매년 성탄절에 부르는 찬송가 '고요한 밤 거룩한 밤'의 4절 가사는 이렇다.

고요한 밤 거룩한 밤 주 예수 나신 밤

그의 얼굴 광채가 세상 빛이 되셨네

왕이 나셨도다 왕이 나셨도다

아기 예수의 얼굴 광채가 세상에 구원의 빛으로 나타나셨다. 예수님의 이름은 '임마누엘, 하나님이 우리와 함께 계시다'라는 뜻이다(마 1:23). 모세가 그렇게 보고 싶어 했던 하나님의 얼굴이 성탄절에 아기 예수 얼굴의 빛난 광채로 온 세상에 드러났다. 아기 예수가 탄생할 때, 예수님이 세상 구원의 빛이고 하나님 영광의 빛임을 아는 사람은 거의 없었다. 단지 의롭고 경건한 시므온이 알아보았다. 아기 예수가 율법을 따라 할례를 받으러 성전에 갔을 때, 성령에 감동된 시므온은 아기 예수를 보고 그 얼굴에서 '하나님의 구원, 이방을 비추는 빛'을 보고 감사하였다(눅 2:22-32). 누구든지 예수님 얼굴에서 하나님 얼굴의 광채를 볼 수 있는 사람은 진실로 행복한 사람이다.

**하나님의 얼굴로만 누리는
해갈의 기쁨**

우리가 즐겨 부르는 복음성가 중에 "목마른 사슴(As a Deer)"이 있다.

목마른 사슴 시냇물을 찾아 헤매이듯이

내 영혼 주를 찾기에 갈급하나이다

주님만이 나의 힘 나의 방패 나의 참 소망

나의 몸 정성 다 바쳐서 주님 경배합니다

금보다 귀한 나의 주님 내게 만족 주신 주

당신만이 나의 기쁨 또한 나의 참 보배

주님만이 나의 힘 나의 방패 나의 참 소망

나의 몸 정성 다 바쳐서 주님 경배합니다

이 찬양은 시편 42편 1-2절을 근거로 한 찬양이다. 한국인에게 사슴은 두 가지 이미지가 있다. 하나는 녹용이고, 다른 하나는 노천명 시인의 "사슴"이란 시이다. 녹용이 물질적인 사슴이라면 노천명의 시는 정신적인 사슴이다. 그러나 시편 42편의 사슴은 영적인 사슴이다. 사슴은 피가 더운 동물이어서 낙타와 달리 물을 자주 마셔야 한다. 그리스도인들을 사슴형 신앙인과 낙타형 신앙인으로 나눌 수 있다. 낙타형 신앙인은 한번 은혜를 받으면 오래 견딘다. 반면 사슴형은 매일매일 은혜를 받아야 한다.[90] 성경은 우리에게 매일 말씀 묵상, QT, 찬양하는 사슴형 스타일의 신앙을 권한다.

---

90 《감정치유기도》, 211p.

야곱의 기도

중세 암흑기에 영혼이 목마른 사람이 있었다. 에라스무스이다. 종교개혁의 발단은 에라스무스의 "아드 폰테스(본질로 돌아가자)"라는 구호에서 시작되었다. 에라스무스는 새로운 역사는 '일이 진행된 중간에서(In medias res)'가 아니라 '처음부터(Ab initio)' 시작돼야 한다고 주장했다. 그는 시편 42편 "사슴이 시냇물을 찾기에 갈급함 같이 내 영혼이 주를 찾기에 갈급하니이다"는 말씀에서 샘물(fontes)을 향한 갈망으로 새로운 세계는 성서의 새로운 해석이 필요하다고 보았다. 그동안 자리 잡고 있었던 라틴어 성경에서 구약은 히브리어로, 신약은 헬라어로 된 원전의 새로운 해석이 필요하다고 주장했다.[91]

14세기와 15세기 유럽은 대혼란의 시대였다. 흑사병으로 3분의 1 이상의 유럽인이 사라졌다. 프랑스왕권이 강해지고 로마교황의 권위가 약화되면서 교황청을 프랑스의 아비뇽으로 옮기는 '아비뇽 유수'가 일어났다. 1453년 오스만 투르크에 의해 동방교회의 중심인 콘스탄티노플이 함락되자, 많은 사람이 고전 헬라어 문헌을 가지고 유럽으로 도피했다. 당시 에라스무스는 중세의 라틴어 성경(Textus Vulgatus)을 읽었는데, 이런 시대의 변화로 인해 헬라어 신약성경을 보게 되었다.

에라스무스는 헬라어 성경을 참고하여 아드 폰테스, 본질로

---

91 한국경제, 2009. 03. 13., "[인문학 산책] 에라스무스의 세계관, '위기의 시대…아드 폰테스 정신이 필요하다'"–배철현.

돌아가려는 새로운 번역을 시도하였다. 그중에 대표적인 것이 마태복음 4장 17절이다. "회개하라 천국이 가까웠느니라"는 말씀의 '회개하라'를 라틴어 성경(Vulgata)은 'poenitentiam agite'로 번역했다. 그 뜻은 "고해를 행하라(Do penance)"이다. 에라스무스는 이것을 1516년 번역판에서 'poeniteat vos', 즉 "회개하라(Be penitent)"로 번역했다. 그다음에는 'resipiscite', 즉 "마음을 바꾸라(change your mind)"로 번역하였다.[92] 이로써 "회개하라"가 고해성사와 어떤 언어학적 연관성도 없다는 것을 증명하였다. 후에 종교개혁자 루터도 이 번역본을 활용하였다.

에라스무스와 종교개혁자들은 성경 원어를 찾아서 말씀의 본래 의미를 앎으로 영혼의 목마름을 해소하려고 노력하였다. 그 영향으로 종교개혁이 일어나고 하나님의 교회는 새롭게 되었다. 그러나 21세기를 사는 우리는 여전히 목마르다. 어떻게 하면 목마른 영혼이 갈증을 시원하게 해갈할 수 있을까?

다시 시편 42편으로 돌아가 보자. 고라 자손이 얼마나 목마름에 시달리는지 "갈급함 같이", "갈급하나이다", "갈망하나니"라고 세 번이나 연속해 호소한다. 목말라 헐떡이는 사슴을 연상케 한다. 그런데 사슴의 목마름은 물이 없어서도 아니요, 돈이나 건강, 명예나 인기가 없어서 목마른 것도 아니다. 사슴의 목마름의 근원적인 원인을 2절은 이렇게 고백한다.

92　롤란드 베인턴, 박종숙 역, 《에라스무스》(서울: 현대지성사, 1998), 178p.

　　　　　　　　　　　　　야곱의 기도

내 영혼이 하나님 곧 살아 계시는 하나님을 갈망하나니 내가
어느 때에 나아가서 하나님의 얼굴을 뵈올까(시 42:2)
My soul thirsts for God, the God of life; When may I enter and
see the face of God?[93]

시편 42편에 '물'을 나타내는 여러 단어가 있다. 시냇물, 눈
물, 헤르몬(요단강의 근원이 되는 헐몬산), 폭포, 바다, 파도, 물결 등이
다. 목마른 사슴의 목마름을 3절에서 "내 눈물이 주야로 내 음식
이 되었"다고 한다. 상쾌하고 시원한 시냇물 대신 쓴 눈물을 흘
리고 있다. 지금 시편 기자는 헤르몬산에서 흘러내리는 단물 대
신 쓰디쓴 눈물을 마시고 있다. 이런 고통은 질병이나 고난 혹은
남이 알지 못하는 비애일 수 있다. 분명한 것은 '하나님의 부재'
에서 오는 절망과 사람들의 조롱과 멸시, 그리고 마음의 불안이
자기 영혼을 질식시키고 있는 것이다.

이것은 하나님의 얼굴을 뵙지 못하는 데서 오는 버림받은 느
낌에서 시작된 것이다. 그래서 고라 자손은 언제나 살아 계신 하
나님의 얼굴을 뵈올까 탄식하며, 하나님의 얼굴 뵙기를 갈망한
다. 하나님의 얼굴을 한 번만 볼 수 있다면, 이 모든 목마름이 해
소될 텐데, 시편 기자는 그 안타까움을 호소한다.

---

93 피터 크레이기, 손석태 역, 《WBC 주석시리즈 19-시편(1~50)》(서울: 솔로몬출판사,
    2000), 435p

그렇다. 우리 모든 인간의 근원적인 목마름은 "양식이 없어 주림이 아니며 물이 없어 갈함이 아니요 여호와의 말씀을 듣지 못한 기갈"(암 8:11)이다. 하나님의 얼굴을 뵙지 못한 것이 근본적인 원인이다. 이것을 시원하게 해갈해 줄 물이 세상엔 없다. 혀를 톡 쏘는 탄산음료도, 속을 시원케 하는 아이스커피도, 정신을 혼란하게 만드는 마약도, 그 무엇도 심령의 목마름을 시원하게 해소해 줄 것은 없다. 야곱도 형 에서와 20년 넘게 갈등하며 형의 용서에 목말랐다. 20년의 긴 세월이 흘러도 그 갈증을 해소할 수 없었고, 소 양 낙타의 많은 선물과 뇌물로도 그 목마름을 해소할 수 없었다.

그러다 얍복강에서 기도하던 중에 브니엘, 하나님의 얼굴을 뵙는 신비로운 신앙 체험을 한다. 그 이후에 야곱은 무서운 형의 얼굴을 보고 하나님의 얼굴을 뵙는 것 같다고 놀라운 고백을 한다. 그리고 20년의 목마름이 해소되는 은혜를 경험한다. 우리 모든 인생의 목마름의 근원은 하나님의 부재, 곧 하나님의 얼굴을 뵙지 못하는 데 있다. 그러기에 인생의 갈등을 해결하는 근본적인 처방은 바로 하나님의 얼굴을 뵙는 것이다. 하나님의 얼굴은 모든 생수의 근원이다. 예수님도 명절 끝날 곧 큰 날에 서서 외쳐 말씀하셨다.

… 누구든지 목마르거든 내게로 와서 마시라 나를 믿는 자는 성경에 이름과 같이 그 배에서 생수의 강이 흘러나오리라 하시

야곱의 기도

니 이는 그를 믿는 자들이 받을 성령을 가리켜 말씀하신 것이

라…(요 7:37-39)

육체 밖에서 하나님을 보리라

　　　　　　　　　고난을 가장 깊이 다룬 성경

이 욥기이다. 자녀와 재산과 건강을 한꺼번에 잃은 욥은 처절하

게 몸부림치며, 살기보다는 차라리 죽기를 갈망한다. 욥의 처절

한 심정을 잘 말해 주는 부분이 욥기 19장이다.

> 나의 말이 곧 기록되었으면, 책에 씌어졌으면, 철필과 납으로 영
>
> 원히 돌에 새겨졌으면 좋겠노라 내가 알기에는 나의 대속자가
>
> 살아 계시니 마침내 그가 땅 위에 서실 것이라 내 가죽이 벗김을
>
> 당한 뒤에도 내가 육체 밖에서 하나님을 보리라(욥 19:23-26)

이 말씀은 헨델의 "메시아"에 명장면에서도 등장한다. 또 찰

스 웨슬리의 찬송 "내 주님은 살아 계셔"(찬송가 170장)의 근거 말

씀이다. 헨델은 친구인 찰스 제넨스(C. Jennens)로 부터 그리스도

의 일생에 기초한 오페라 가사를 받고, 1741년 8월 22일 런던 브

루크 거리(Brook Street)에 있는 그의 조그만 집에서 작곡하기 시작

했다. 헨델은 작곡에 너무 열중한 나머지 두문불출하고 음식도

거의 먹지 않았다. 6일 동안 제1부가 완성되고, 9일이 더 걸려서

제2부가 완성되고, 다시 6일 만에 제3부가 완성되었다. 총 260페이지의 원고가 24일이라는 아주 짧은 시간에 완성되었다. 이것은 음악사에 기적으로 여겨진다.

헨델은 작곡하는 3주 동안 한 번도 집을 떠나지 않았다. 그가 작곡하고 있을 때, 그를 방문한 한 친구는 헨델이 강렬한 격정으로 흐느끼고 있는 것을 발견하였다. 후에 헨델은 자기가 작곡하며 경험했던 강렬한 체험을 묘사하기 위해 적절한 표현을 찾다가 바울의 삼층천 체험(고후 12:2)을 인용하였다.

"나는 그것을 작곡할 때 내가 내 몸 안에 있었는지 몸 밖에 있었는지 모르겠습니다."[94]

"메시아"가 1742년 4월 13일에 더블린에서 처음 공연되었을 때, 모은 400파운드로 142명의 채무자를 감옥에서 풀어 주었다. 1743년 3월 23일 런던 공연에서 "할렐루야 합창(Halleluja Chorus)"이 울려 퍼질 때, 영국 국왕 조지 2세가 감동하여 벌떡 일어서자, 왕을 따라 모든 청중이 일어섰다. 그때부터 지금까지 "할렐루야 합창"을 부를 때, 청중이 일어나는 것이 관례가 되었다.

헨델은 마지막으로 메시야를 지휘하고 8일 후 1759년 4월 14일 별세했다. 그의 친구 제임스 스미드는 "그는 선한 그리스도

---

94 패트릭 카바노프, 차동재 역, 《위대한 음악가들의 영적 생활》(서울: 생명의말씀사, 2001), 19p.

야곱의 기도

인으로 살았고 또 그렇게 죽었다. 그는 하나님과 사람에게 대한 진정한 의무감 속에 살았으며, 온 세계를 향해 불쌍히 여기는 마음으로 살았다"고 말했다. 헨델은 웨스트민스터 사원에 묻혔는데, 헨델의 동상은 "메시아" 3장의 악보를 손에 들고 있다.[95]

© Dean and Chapter of Westminster, London

욥기 19장에서 브니엘과 관상기도란 관점에서 살펴볼 것은 "내 가죽이 벗김을 당한 뒤에도 내가 육체 밖에서 하나님을 보리라"는 말씀이다. 내가 육체 밖에서 하나님을 보리라는 말씀의 뜻은 무엇인가? 육체 밖이란 죽음 이후를 의미하는가? 육체 밖에서를 문자대로 보면 죽은 후에 천국에서 하나님을 보리라는 의미이다. 그러나 육체 안에서(In my flesh)라는 뜻이라면 부활한 몸

---

95 《위대한 음악가들의 영적 생활》, 22p. '내 구주 살아 계심을 아네'는 메시아 3부를 알리는 첫 곡으로 욥기 19장 25-26절과 고린도전서 15장 20절의 내용을 가사로 했다.

으로 하나님을 보리라는 의미가 된다.[96]

사람의 생명은 가죽 부대에 싸여 있다. 다윗이 사울에게 쫓기며 바란 광야에 머물 때, 양털을 깎는 나발에게 음식을 달라고 요청했다. 그러나 미련한 나발은 다윗을 알아보지 못하고 '주인을 떠난 근본 없는 놈'이라 욕하며 거절하였다. 분노한 다윗이 부하들과 함께 나발을 치러 올라가자, 이 소식을 들은 나발의 아내 아비가일이 급히 음식을 준비해서 달려와 이렇게 인사한다.

사람이 일어나서 내 주를 쫓아 내 주의 생명을 찾을지라도 내 주의 생명은 내 주의 하나님 여호와와 함께 생명 싸개 속에 싸였을 것이요 내 주의 원수들의 생명은 물매로 던지듯 여호와께서 그것을 던지시리이다(삼상 25:29)

아비가일은 사람의 생명이 '생명 싸개' 속에 싸여 있다고 말한다. 생명 싸개는 무엇일까? 생명을 보관하는 주머니란 뜻으로 사람의 몸을 감싸고 있는 피부, 곧 가죽 부대를 말한다. 사람이 사람일 수 있는 것은 가죽 부대 즉, 피부가 온전하기 때문이다. 가죽 부대가 터지면 피가 흘러 살 수 없고, 사람의 형태를 유지할 수도 없다. 현대인들이 그렇게 관심을 갖는 것도 사실은 가죽

---

96 목회와 신학 편집부,《욥기 어떻게 설교할 것인가》(서울: 두란노 아카데미, 2010), 215p.
    김서택,《고난이 가져온 축복》(서울: 생명의말씀사, 2009), 310p.

야곱의 기도

부대다. 사람들 관심은 온통 누구 피부가 더 고운가, 뽀얀가, 촉촉한가, 부드러운가, 탱글탱글 탄력이 있는가에 있다. 화장품도 성형외과도 피부과도 모두 가죽 부대를 상품화한다. 강남 압구정동이 '성형외과 벨리'가 된 것도 다 가죽 부대 문제이다.

욥은 자기의 피부가 곪아 터지는 극심한 고통 가운데서 "내 가죽이 벗김을 당한 뒤에도 내가 육체 밖에서 하나님을 보리라"고백한다. 가죽이 벗겨진 후, 곧 죽은 이후라도 하나님 얼굴 보기를 갈망한다. 우리 몸은 시공간에 철저히 예속당하기에 진실한 영적 체험을 하려면, 육체의 한계를 벗어나야 한다. 사도 바울은 삼층천 신비체험을 이렇게 고백한다.

> 내가 그리스도 안에 있는 한 사람을 아노니 그는 십사 년 전에 셋째 하늘에 이끌려 간 자라 (그가 몸 안에 있었는지 몸 밖에 있었는지 나는 모르거니와 하나님은 아시느니라)(고후 12:2)

사도 바울은 "우리가 지금은 거울로 보는 것 같이 희미하나 그때에는 얼굴과 얼굴을 대하여 볼 것이요 지금은 내가 부분적으로 아나 그때에는 주께서 나를 아신 것같이 내가 온전히 알리라"(고전 13:12)고 말한다. 우리는 그날, 가죽을 벗은 후에, 얼굴과 얼굴을 보는 것처럼 하나님을 볼 수 있다. 성도들의 종말론적인 소망은 죽음 이후에 천국에서 하나님의 얼굴을 뵙는 것이다.

그렇다면 우리가 이 땅에 살아 있는 동안에는 하나님의 얼굴을 뵐 수는 없는가? 이것은 모든 그리스도인의 궁금증이다. 분명히 야곱은 얍복강 기도에서 "내가 하나님의 얼굴을 뵈었다"고 고백한다. 욥은 "내 가죽이 벗김을 당한 뒤에도 내가 육체 밖에서 하나님을 보리라"(욥 19:26) 탄식하였다. 그러나 욥은 38장과 41장을 통하여 하나님을 깊이 만난 후에 놀라운 고백을 한다.

> 내가 주께 대하여 귀로 듣기만 하였사오나 이제는 눈으로 주를 뵈옵나이다(42:5)
> 전에는 내가 주께 대하여 귀로 듣기만 했는데 이제는 내 눈으로 주를 직접 보았습니다.(현대인의성경)

몸을 가진 살아 있는 인간이 하나님의 얼굴을 뵐 수 있다는 것이다. 그것을 영성 신학에서는 흔히 관상적 체험이라 한다.

관상적 체험이란 무엇인가

피조물 인간이 창조주 하나님의 얼굴을 뵙고 싶어 하는 것은 본능이다. 아들이 아버지의 얼굴을 보고 싶어 하는 것과 똑같은 일이다. 하나님의 얼굴을 뵙지 못한 인간은 목마른 사슴처럼 영적 갈증에 시달린다. 그래서 그 대용물로 세상의 쾌락을 찾고 우상을 만들어 섬긴다. 그러나 세상이 주는 물은 소금물 같아서 마실수록 더 목마르다. 인간이란 어쩔 수 없이 창조주 하나님을 찾아야 하는 존재이며 하나님 안에서만 해갈할 수 있다. 아우구스티누스는 "하나님 안에서 평안을 얻기까지는 진정한 안식과 평안을 얻을 수 없다"고 말했다.[97]

시간과 공간에 철저히 제약당하는 인간이 몸을 가지고 사는 동안 어떻게 하나님의 얼굴을 뵐 수 있을까? 그것은 과연 가능한 일인가? 성경엔 분명히 하나님의 얼굴을 뵈었다는 고백이 많다. 야곱의 브니엘 고백과 모세도 하나님의 영광을 보았다는 고백이 있다. 욥기는 기도할 때, 하나님이 은혜를 주셔서 하나님의 얼굴을 보게 하신다고 약속한다.

그는 하나님께 기도하므로 하나님이 은혜를 베푸사 그로 말미암아 기뻐 외치며 하나님의 얼굴을 보게 하시고 사람에게 그의 공의를 회복시키시느니라(욥 33:26)

시편 80편에는 하나님을 향한 간절한 기원이 담겨 있다. 3절 7절 19절 세 번이나 반복하여 하나님의 얼굴의 광채와 빛을 비추어 구원해 달라고 기도한다.

빛을 비추소서(1절),
우리를 구원하러 오소서(2절),

---

97 《참회록》, 140p.

주의 얼굴빛을 비추사 우리가 구원을 얻게 하소서(3절),

주의 얼굴의 광채를 비추사 우리가 구원을 얻게 하소서(7절)

주의 얼굴의 광채를 우리에게 비추소서 우리가 구원을 얻으리

이다(19절)

하나님은 영이시기에 얼굴(face)이 없다. 그러나 시편은 반복
하여 하나님 얼굴빛을 비추어 주시길 간구한다. 하나님의 얼굴
은 하나님의 본체를 말한다. 하나님의 얼굴빛이 비치면 구원을
얻는다. 이 말은 영이신 하나님을 영으로 만나는 경험을 하라는
것이다.

하나님의 얼굴을 뵙는 체험을 야곱은 브니엘로 고백하였다.
이것을 현대 영성적인 표현으로 말하면, 관상기도 혹은 관상적
체험이라 할 수 있다. 관상기도를 뜻하는 라틴어 컨템플라시오
(contemplatio)는 템플럼(templum, tempus의 축소형)에서 유래했다. 템
푸스(tempus)는 일차적으로 시간의 구분 또는 부분이라는 의미
가 있다. 템플럼은 하늘이나 땅의 징조를 파악하려고 특별히 구
별해 놓은 별도의 공간이었다. 이것이 후에 일반 장소와 구별된
'거룩한 장소'로 이해되었고, 여기서 템플(temple, 사원)이란 말이
나왔다.[98]

렉시오 디비나의 모형을 제시한 귀고 2세(Guigo II, ?~1188)는

---

98 《말씀 묵상 기도》, 151-152p.

야곱의 기도

'관상 생활에 관한 편지'에서 관상적 체험을 이렇게 말한다. 이 편지는 중세 말기에 많은 수도사들에게 사랑받은 영성 소품으로 흔히 "수도승의 사다리(계단, Scala Claustralium)"라고도 한다.

> "하나님 말씀을 읽고 묵상하는 동안 하나님을 알려는 갈망의 불꽃이 더욱더 강렬하게 타오른다. 그 갈증은 이 땅의 무엇으로도 해소할 수 없어 천상의 빗물을 갈망한다. 이런 갈망으로 기도할 때 주님은 그 영혼을 만나 주시려고 서둘러 달려오신다. 이때 주님은 감미로운 천상의 이슬을 뿌리시며 가장 귀중한 향료로 기름을 부어 주신다. 이때 지친 영혼은 소성되고 영혼의 참된 감각이 되살아난다. 그러면 육적인 모든 동기들은 정복당하고 영혼 밖으로 밀려나간다. 그리하여 사람은 온전히 영적인 존재가 된다."[99]

당대 최고의 학문을 자랑하던 바울도 삼층천의 신비체험을 어떻게 표현해야 할지 몰랐다. 그저 애매모호한 말만 할 뿐이다.

> 그가 낙원으로 이끌려 가서 말로 표현할 수 없는 말을 들었으니 사람이 가히 이르지 못할 말이로다(고후 12:1-4)

---

99 《말씀 묵상 기도》, 231-232p.

관상적 체험은 인간의 언어를 넘어서는 신비로운 것이다. 이것을 탱귀어리는 "우리를 사로잡는 성령의 선물과 특별한 은총으로, 하나님과 그분의 세상에 완전히 빨려 들어가는 피동적인 현상"이라 말한다.[100] 이것은 인간의 힘으로 감당하지 못할 정도로 강하게 밀려오는 하나님의 은혜 체험이다. 일종의 '영적 쓰나미' 현상이 일어나는 것이다. 관상이란 결국 하나님이 주시는 완전한 은혜다. 이때 환상, 황홀경, 탈혼, 음성 듣기, 영의 비상, 영의 일치와 같은 극적인 신비 현상이 일어나기도 한다.

조던 오먼(Aumann, Jordan)은 《영성 신학》에서 인간의 지성이 완전히 정지되고 하나님의 사랑에 흠뻑 젖게 되는 관상적 상태의 특징을 다음과 같이 말한다.

하나님의 현존에 대한 강한 체험을 한다.
영혼에 초자연적인 것이 엄습하는 느낌을 받는다.
본성적인 노력으로는 할 수 없는 체험을 한다.
전적으로 수동적인 자세다.
하나님에 대한 체험적 지식은 명확하거나 뚜렷하지 않고 모호하고 혼잡하다.
하나님의 역사 아래 있다는 확신을 갖는다.
신비체험은 서술이 불가능하다.

---

100 《말씀 묵상 기도》, 164p.

신비체험은 흔히 신체적 변화를 불러오며 감각 기능이 정지된다.

관상으로 인한 하나님과의 일치 체험은 존재적 변화를 가져온다.

관상적 체험은 실천적 삶에 대한 큰 충동을 주어 삶에 큰 변화를 가져온다.[101]

이것을 자칫 오해하면 직통 계시나 혼란스러운 영적 체험과 비슷하게 볼 수 있으나, 분명히 그 내용과 열매는 다르다. 나무는 그 열매로 알 수 있다. 관상적 체험을 한 사람들은 자기 자신의 전 존재가 근본적으로 변화되고, 이전과 전혀 다른 새로운 창조적인 삶을 살아간다. 야곱도 브니엘 체험 후에 새사람이 되고 그렇게 두렵고 무섭던 형에서와 극적인 화해를 이루었다. 신비체험 후에 사람이 교만해지거나, 다른 사람을 무시하거나, 지나치게 독선적이라면 온전한 관상적 체험이라 할 수 없다. 좋은 나무는 반드시 좋은 열매를 맺는다. 이러한 특별한 신비체험인 브니엘을 관상적 체험이나 지성소 체험 혹은 강력한 하나님의 임재 체험이라고 표현할 수 있다.

---

101 조던 오먼, 이홍근 역, 《영성신학》(서울: 분도출판사, 2002), 384–388p.

3부

기도하는 자의
삶의 자세

✴

8장.
기적을 살아가는가
　　- 브니엘 체험 이후 소망의 내일을 걸어가라

**형의 얼굴에서
하나님의 얼굴을 보다**

사람은 감정을 가진 존재이다. 하나님의 형상대로 지음 받은 인간의 특징은 인격적인 존재란 점이다. 하나님은 거룩하고 인격적인 분이며 피조물인 인간 또한 인격적인 존재다. 다만 인간은 아담의 범죄로 말미암아 타락했고, 그 결과 지성, 의지, 감정 모두 전적으로 타락했다. 그러기에 인간의 지성도 의지도 감정도 온전하지 못하며 순수하지도 않다. 지성의 타락은 인간을 교활하게 만든다. 순수지성은 사라지고 교활한 꾀만 생긴다. 사도 바울은 로마서 16장에서 마지막 인사를 하며 교활한 인간들을 조심하라고 경계한다.

> 형제들아 내가 너희를 권하노니 너희가 배운 교훈을 거슬러 분쟁을 일으키거나 거치게 하는 자들을 살피고 그들에게서 떠나라 이 같은 자들은 우리 주 그리스도를 섬기지 아니하고 다만 자기들의 배만 섬기나니 교활한 말과 아첨하는 말로 순진한 자들의 마음을 미혹하느니라(롬 16:17-18)

타락한 인간의 가장 큰 문제는 감정의 타락이다. 본디 감정은 순수한 것이다. 순수한 감정은 사랑스럽고, 맑고, 밝고, 부드럽고, 감사와 기쁨이 넘친다. 그러나 인간의 타락과 더불어 감정은 심각하게 왜곡되었다. 아무리 순수한 마음으로 말해도 듣는 사람들이 순수하게 받아주지 않는다. 감정의 왜곡은 꽈배기처럼 꼬여서 말 한마디로 회복 불능의 치명상을 입히기도 한다. 에서와 야곱이 그렇다. 야곱은 타락한 지성으로 꾀를 내어 에서를 농락하여 팥죽 한 그릇으로 장자권을 가로챘다. 정당한 거래처럼 보이지만 분명 사기이다.

이 일로 야곱은 형과 관계에 파경을 맞는다. 에서와 야곱 사이에는 돌이킬 수 없는 깊은 감정의 골이 생긴다.

한국인이 쓰는 독특한 감정 용어들이 있다. 화병은 한국인 특유의 마음 병이다. 흔히 감정이 상하면 스트레스를 받는다. 화가 나고 분노하고 마음속에 불덩어리가 끓어오른다. 화병을 울화증이라고도 한다. 어머니가 가끔 들려주시던 이야기가 있다. 어머니 마음속에 불덩어리 두 개가 있단다. 어린 나이에 가난한 농촌으로 시집온 후, 수 십년 시부모를 모시며 시집살이를 하며 얻은 마음의 병이다. 한국인의 감정 이해는 속상함이 울화가 되고 화병이 되고 나아가 한(恨)이 된다. "천추(千秋)의 한"이란 말이 있다. 한번 맺힌 감정의 응어리인 한은 천추, 즉 천 번의 가을이 지나도 사라지지 않는다는 말이다. "여인이 한을 풀지 못하고 죽으면 오뉴월에도 서리가 내린다"는 말도 있다. 한국인의 감정 이해는 이처럼 매섭고 독특하다.

에서의 감정 응어리는 매우 깊었다. 우리 식으로 한이 맺힌 것이다. 그러니 20년간 400명의 군사를 모아 보복할 기회를 기다리며 칼을 갈고 있지 않았겠나. 야곱이 아무리 꾀를 내고 애를 써도 에서의 감정응어리 즉 한을 풀 수 없었다. 그 절망적인 상황에서 결국 홀로 남겨진 야곱은 얍복강 기도를 한다. 야곱의 기도는 점점 깊어져 결국 브니엘, 하나님의 얼굴을 뵙는 신비한 기도로 나갔다. 야곱이 기도 중에 하나님의 얼굴을 뵙고 나자 놀라운 일이 일어났다. 야곱은 브니엘 체험 후 에서를 만나 이렇게 말한다.

… 내가 형님의 얼굴을 뵈온즉 하나님의 얼굴을 본 것 같사오며 형님도 나를 기뻐하심이니이다(창 33:10)

브니엘 체험을 한 야곱은 놀랍게도 형의 얼굴에서 하나님의 얼굴을 보았다. 자기를 죽이려는 무서운 형의 얼굴에서 하나님의 자비로운 얼굴을 본 것이다. 어떻게 이런 일이 가능할까. 두 가지 가능성이 있다.

첫째, 앞서 말한 것처럼 야곱은 기도 중에 "네 이름이 무엇이냐?"란 질문을 받았고, 그때 그는 자기 정체성을 깨달았다. 자기 말에 속은 형이 바보가 아니라, 형을 속인 자기가 사기꾼이고 나쁜 놈인 것을 알게 되었다. 그러자 문제를 풀어 가는 방정식이 달라진다. 그전에는 남 탓, 환경 탓, 부모 탓, 하나님 탓이 많았지만, 자아의 자각이 분명해지자 모든 것이 내 탓임을 알게 되었다. 가치관의 전도가 일어난 것이다. 야곱은 자기 실체를 깨닫고 자기를 인정하는 용기가 생겼다. 야곱에게 이런 내적인 변화가 일어난 것이다. 내면이 바뀌면 사람 보는 눈이 바뀌고, 이때 진정한 화해가 가능해진다.

둘째, 야곱이 기도할 때 야곱을 브니엘로 만나 주신 하나님이 동시에 에서를 만져 주셨다. 하나님의 역사는 일방적이지 않고 쌍방에서 일어난다. 사도행전 10장에 베드로와 고넬료에게도 동시에 하나님의 환상이 임했다. 만일 베드로에게만 환상이 임하고 고넬료에게 임하지 않았다면 두 사람은 만날 수 없을 것이다. 그 반대도 마찬가지다. 하나님의 진정한 역사는 두 사람에게 동시적으로 나타난다. 그래야 서로 알아본다. 기도 중에 야곱에게 브니엘로 나타난 하나님이 동시적으로 에서에게도 역사했음에 틀림없다. 이것이 기도의 신비고 능력이다. 그러기에 20년 만에 어색하게 만나지만 '형님의 얼굴을 뵈온 즉 하나님의 얼굴을 본 것' 같다는 고백을 하고, 에서도 그것을 받아들인다.

우리가 인생을 살면서 누군가의 얼굴에서 하나님의 얼굴을 볼 수 있다면 얼마나 좋을까. 그렇다면 무슨 문제든 다 해결된다. 그러나 현실에선 사람의 얼굴을 사람의 얼굴로 보기는커녕 마귀의 얼굴로 보일 때가 많지 않은가. 인두겁을 쓴 모습을 많이 보지 않는가. 형제, 부부, 친구, 성도 서로의 얼굴에서 하나님의 얼굴을 보는 것, 이것이 인생 문제의 최종적이고 완벽한 해결

책이다. 하나님의 얼굴을 뵙는 은혜, 브니엘에 이르는 길이 바로
기도다.

**야곱의
크로노스, 카이로스, 플레루**

어느 날, 아침 한 남자가 숨을
헐떡이며 철도역으로 급히 뛰어 들어왔다. 그리고 매표원에게
물었다.

"8시 1분 기차가 언제 떠나지요?"

매표원이 말했다.

"8시 1분에요."

"그러면 내 시계로 지금이 7시 59분이고, 시청 시계로는 7시
57분, 그리고 역 시계는 8시 4분인데 나는 어떤 시계에 맞추어야
합니까?"

매표원이 무표정하게 말했다.

"어떤 시계에 맞추든지 그건 당신의 마음입니다만 당신은
8시 1분 기차를 탈 수 없습니다. 그 기차는 이미 떠나 버렸거든
요."[102]

솔로몬은 전도서에서 "때의 하나님"을 말한다.

---

102 더치 쉬츠, 이승희 역, 《하나님의 타이밍을 포착하라》(서울: 토기장이, 2015), 11p.

범사에 기한이 있고 천하 만사가 다 때가 있나니(전 3:1)

모든 일에는 다 때가 있다 세상에서 일어나는 일마다 알맞은

때가 있다(새번역)

There is an appointed time for everything And there is a time

for every event under heaven(NASB)

우리가 인생에서 실패하는 많은 이유는 타이밍을 놓쳤기 때문이다. 우리는 하나님의 때, 타이밍을 알지 못하기에 헛다리를 짚을 때가 너무 많다. 심을 때 거두려하고, 기다려야 할 때 조급히 서두르고, 결단할 때 미루고, 울어야 할 때 웃는 경우가 많다. 그러기에 우리는 매번 인생의 기차를 놓쳐 버리곤 한다. 이스라엘의 잇사갈 지파는 때를 분별하는 독특한 지혜를 가진 지파이다.

잇사갈 자손 중에서 시세를 알고 이스라엘이 마땅히 행할 것을 아는 우두머리가 이백 명이니 그들은 그 모든 형제를 통솔하는 자이며(대상 12:32)

시세를 안다는 것은 때를 잘 분간할 줄 아는 것, 그 시대의 흐름을 아는 것을 말한다. 곧 시대 정신과 하나님의 때를 아는 지혜이다. 잇사갈 자손 중에 시세를 아는 사람 200명은 때를 따라 마땅히 행할 것을 아는 사람들이었다. 그러기에 그들은 형제들

을 통솔하는 리더가 되었다. 시간, 시세, 타이밍, 때를 아는 것이 이처럼 중요하다.

성경의 시간 개념은 크게 세 가지가 있다. 크로노스(chronos), 카이로스(kairos), 플레루(pleroo)이다. 크로노스는 연대기적 시간이다. 예를 들어 매년 봄·여름·가을·겨울이 찾아오는 시간을 말한다. 하루를 24시간으로 나눈, 누구에게나 동등하게 주어진 물리적 시간이다.

카이로스는 특별한 의미가 부여되는 시간이다. 하나님이 인간을 만나 주시는 결정적인 시간이다. 카이로스란 사도 바울이 다메섹에서 부활한 예수그리스도를 만난 극적인 시간 같은 것이다. 사람은 누구나 카이로스를 경험하면 극적인 변화가 일어난다. 단순한 물리적 시간에서 영적인 시간으로 전환되는 놀라운 신비를 깨닫고 체험한다. 이때 지성에서 영성으로 나아간다. 야곱의 얍복강 기도는 카이로스이다. 야곱은 기도 중에 하나님을 만났고, 자아의 자각과 사명을 깨닫는다.

이탈리아 토리노박물관엔 그리스의 조각가 리시포스의 작품으로 알려진 카이로스란 작품이 있다. 카이로스의 모습은 앞쪽 머리카락은 길지만, 뒤쪽은 대머리이다. 즉 기회란 앞에서만 잡을 수 있다는 뜻이다. 버스 지나고 손들어 봤자 소용이 없다. 또 어깨와 발엔 날개가 달려 있어 기회는 순식간에 날아가 버리고 만다. 양손엔 칼과 저울을 들고 있는데, 저울은 기회가 오면 신중하게 판단하고, 결정은 칼같이 단호하게 하란 의미다.

플레루는 하나님의 시간 안에서 무엇인가 완성됨을 말한다. 갈라디아서 4장 4절의 "때가 차매 하나님이 그 아들을 보내사 여자에게서 나게 하시고 율법 아래 나게하신 것은"이란 말씀이 있다. 여기서 '때'가 바로 플레루다. 카이로스가 어떤 과업이나 열매를 결실하기 위한 결정적인 기회라면 플레루는 그것이 성취된 것을 말한다.[103] 야곱이 얍복강 기도 중에 브니엘 체험으로 하나님의 얼굴을 뵌 것은 플레루라 할 수 있다. 20여 년의 인생 문제들이 하나님의 얼굴을 뵙는 순간 다 해결되고 완성되었다.

크로노스, 카이로스, 플레루는 아기의 해산 과정으로 설명할 수 있다. 산모는 아기를 임신하고 열 달 정도 크로노스의 시간을 갖는다. 크로노스의 시간인 열 달을 잘 견디면 드디어 해산이라는 카이로스가 다가온다. 아기를 낳는 시간은 매우 짧다. 몇 분 아니면 몇 시간 정도이다. 그러나 그 시간은 고통의 시간이며 긴장의 시간이며 소망의 시간이다. 이 카이로스의 시간은 매우 위험하고 중요하다. 이때 자칫 잘못하면 산모나 아기가 크게 다칠 수도 있다. 드디어 분만의 고통스런 시간이 지나면, 아기가 태어나고 울음소리와 함께 새 생명이 엄마 품에 안기게 된다. 이것이 바로 플레루다.

야곱의 인생에도 세 시간이 흘렀다. 야곱은 형과 갈등 이후 외갓집으로 도망간 후 20년의 크로노스 시간을 살았다. 양치기,

---

103 《하나님의 타이밍을 포착하라》, 56p.

야곱의 기도

레아와 라헬과 결혼, 자녀들 출산, 꾀를 내어 외삼촌 양들을 모아 재산을 늘리고, 사촌들과 재산 문제로 갈등하는 시간을 살았다. 20년 동안 야곱도 누구나 다 겪는 인생의 일상, 그렇고 그런 크로노스의 시간을 살았다. 소위 지지고 볶는 필부필부(匹夫匹婦)의 일반적인 삶이다.

그러다 하나님의 뜻한 시간이 되어, 어쩔 수 없이 외갓집을 나와 고향으로 향하던 중 얍복강 기도를 한다. 얍복강 기도는 야곱에게 카이로스다. 야곱은 얍복강 기도에서 자기를 발견하고 하나님으로부터 이스라엘이라는 새 이름과 사명을 부여받았다. 그러나 마음 깊은 곳에는 해결되지 않은 형과의 갈등, 감정 문제가 여전히 남아 있었다. 그 문제가 브니엘, 하나님의 얼굴을 뵙자 해결된 것이다.

브니엘은 야곱에게 카이로스와 플레루 같은 시간이다. 20년 동안 야곱의 인생을 꽁꽁 묶고 있던 문제가 완벽하게 해결된 순간이다. 하나님의 얼굴을 뵙고 난 후, 야곱은 에서의 얼굴에서 하나님의 얼굴을 보았다. 그리고 20년의 길고 긴 어둠의 터널을 벗어나고 형에 대한 죄책감도 해결되었다. 그리고 자유로운 영혼이 된다. 누구나 하나님의 얼굴을 진정으로 뵐 수만 있다면 플레루를 경험할 수 있다. 플레루는 인생의 문제가 완전하게 해결되는 하나님의 시간이며 은혜의 시간이다. 브니엘, 하나님의 얼굴이 우리 모든 인생 문제의 답이다.

브니엘 체험 이후
다시 세상 속으로

인간은 시간의 존재이기에 같은 상황이 반복되지 않는다. 시간이 지나감에 따라 인간의 상황과 실존은 그때그때 변한다. 예수님은 세 제자 베드로, 야고보, 요한과 변화산에 올라갔다. 변화산에서 예수님이 기도하실 때 "그들 앞에서 변형되사 그 얼굴이 해같이 빛나며 옷이 빛과 같이 희어졌더라"(마 17:2)라고 기록한다. 놀라운 신비를 체험한 베드로는 "여기 있는 것이 좋사오니… 초막 셋을 짓"(마 17:4)고 싶다고 말한다. 예수님과 세 제자는 하룻밤을 산에서 지내고 이튿날 하산하였다(눅 9:37).

하산한 그들을 기다리고 있는 것은 환호하는 군중이 아니었다. 귀신 들려 경련을 일으키고 거품을 물고 있는 외아들을 둔 아버지의 하소연이었다. 아마 세 제자는 정신이 번쩍 들었을 것이다. 어제는 산 위에서 예수님이 해처럼 변모되는 신비를 체험했는데, 산 아래는 귀신 들린 아들을 고치지 못해 쩔쩔매는 또 다른 세상을 본 것이다. 때로 신앙의 신비는 시간과 함께한다. 한 번의 변화산 체험이 영원하지 않다. 변화산의 신비체험은 위대한 은총이지만, 그것이 계속 지속되지는 않는다. 산 아래에는 여전히 현실의 고통스런 문제가 남아 있다.

야곱은 얍복강에서 브니엘이란 엄청난 신비를 체험하였다. 분명 하나님이 주신 특별한 은총이다. 그러나 얍복강을 건너고

형을 만나고 화해한 야곱에겐 또 다른 아픈 현실이 있었다. 형의 동행하자는 제안을 정중히 거절한 야곱은 숙곳을 지나 '엘엘로헤이스라엘(하나님, 이스라엘의 하나님)'에 장막을 쳤다. 얼마 후 야곱은 불행한 일을 당한다. 딸 디나가 산책하다 현지인 추장 세겜에게 강간을 당하고 만다. 이 일로 분노한 디나의 오빠 시므온과 레위가 할례를 핑계대어 세겜의 모든 남자를 살육하였다. 하나님의 특별한 은총, 브니엘을 체험한 야곱에게 이런 불행한 일이 어떻게 일어날 수 있는가.

세월이 지난 후, 야곱은 라헬이 아들 베냐민을 낳다가 산고로 죽는 슬픔을 당한다. 라헬은 혼이 떠날 때 아들을 베노니(슬픔의 아들)라 부르지만, 야곱은 베냐민(오른손의 아들)이라고 부른다. 야곱이 7년을 하루 같이 여길 정도로 사랑하던 여인이 그렇게 허무하게 죽었다. 야곱은 사랑하는 아들 요셉의 실종 소식을 듣고 내가 스올로 내려가 아들에게 가리라고 절규한다. 훗날 애굽의 총리가 된 요셉이 가족을 초청하였고, 야곱은 나이를 묻는 바로에게 이렇게 답변한다.

요셉이 자기 아버지 야곱을 인도하여 바로 앞에 서게 하니 야곱이 바로에게 축복하매 바로가 야곱에게 묻되 네 나이가 얼마냐 야곱이 바로에게 아뢰되 내 나그네 길의 세월이 백삼십 년이니이다 내 나이가 얼마 못 되니 우리 조상의 나그네 길의 연조에 미치지 못하나 험악한 세월을 보내었나이다 하고 야곱이

바로에게 축복하고 그 앞에서 나오니라(창 47:7-10)

야곱이 바로에게 말한 나그네 인생길이 130년인데, 그 시간이 "험악한 세월"이었다고 말한다. 이 말은 참으로 많은 것을 시사한다. 우리는 모두 다 자기만의 '험악한 세월'을 살아가고 있지 않은가. 사람은 누구나 인생의 정점이 있고 또 바닥도 있다. 변화산의 극적인 신비체험이 있지만, 또 변화산 아래에서 귀신 들린 아들 문제로 고통당하는 현실도 있다.

사람들은 한 번의 신비체험이나 관상적 체험을 하면 신앙이 완전해질 것으로 생각한다. 그러나 오해이다. 신비체험이나 관상적 체험은 특별한 은총이고 감동스러운 일이지만 그것으로 신앙이 완성되는 것은 아니다. 베드로, 야고보, 요한은 변화산에서 예수님이 해보다 밝게 변하는 신비를 직접 보았고 하늘의 음성도 들었다. 그러나 산 아래서 귀신 들린 아들을 치유하지 못해 끙끙거리는 동료들을 그저 바라볼 수밖에 없었다. 산 위에서는 '세상과 나는 간 곳 없고 구속한 주만 보이도다' 찬송했지만, 산 아래는 여전히 어쩌지 못해 쩔쩔매는 현실이 있다. 산 위가 관상 세계라면 산 아래는 현실 세계다. 이 두 세계는 분명히 다르지만 분리할 수 없다.[104] 마치 산꼭대기와 산골짜기를 분리할 수 없듯이. 둘은 서로 다르지만 동시에 하나이다. 여기에 시간과 신앙의

---

104 《말씀 묵상 기도》, 170p.

야곱의 기도

신비가 있다.

사도 바울은 다메섹에서 부활의 주님을 만나는 신비체험과 삼층천의 신비를 체험했다(고후 12장). 그러나 여전히 혈기가 남아 있어서 다른 사람들과 충돌이 많았다. 한번은 바울이 대선배 베드로를 공개적으로 면박하고 책망하였다.

> 게바가 안디옥에 이르렀을 때에 책망 받을 일이 있기로 내가 그를 대면하여 책망하였노라 야고보에게서 온 어떤 이들이 이르기 전에 게바가 이방인과 함께 먹다가 그들이 오매 그가 할례자들을 두려워하여 떠나 물러가매 남은 유대인들도 그와 같이 외식하므로 바나바도 그들의 외식에 유혹되었느니라 그러므로 나는 그들이 복음의 진리를 따라 바르게 행하지 아니함을 보고 모든 자 앞에서 게바에게 이르되 네가 유대인으로서 이방인을 따르고 유대인답게 살지 아니하면서 어찌하여 억지로 이방인을 유대인답게 살게 하려느냐 하였노라(갈 2:11-14)

신앙의 대선배인 베드로에게 바울은 조용하게 개인적으로 말할 수 있었을 것이다. 그런데 한 성질 하는 바울은 많은 사람 앞에서 공개적으로 베드로를 책망하고 면박하였다. 아무리 옳은 말이었다 해도 상상하기 힘든 일이다. 1차 선교 여행 때 힘들다고 중간에 도망간 마가 문제로 자기의 신앙 멘토 바나바와 심하게 다투고 갈라서기도 했다. 이런 바울의 모습을 좋게 보면 열정적이라고 할 수 있지만, 사람들 마음에 상처를 주는 성질임에 틀림없다. 놀라운 신비체험을 하였지만 아직 미숙한 성품이 남아 있는 것이다. 불 같은 바울의 성질은 오랜 세월이 지난 후 성숙해져서 디모데에게 "네가 올 때에 마가를 데리고 오라 그가 나의 일에 유익하니라"(딤후 4:11)고 마가를 용납한다.

야곱 역시 얍복강 기도에서 브니엘 체험으로 하나님의 얼굴을 뵈었지만, 그 후 남은 일생 동안 수많은 고난과 역경을 겪으며 살아갔다. 그러나 분명한 것은 단 한 번이라도 브니엘 신비체험이 분명하다면, 산 아래서 겪는 많은 일들을 이길 영적 힘이 생긴다. 브니엘 체험 혹은 변화산 체험이 있는 사람과 없는 사람이 결정적으로 다른 것은 고난을 당하고 위기를 만날 때 나타난다. 평시는 둘 다 비슷해 보이지만, 고난과 위기가 닥치면 브니엘 체험을 한 사람과 그렇지 않은 사람은 결정적으로 다르다. 브니엘 체험을 한 사람은 오뚜기처럼 다시 일어서지만, 그렇지 않은 사람은 넘어지고 만다. 브니엘 체험은 '영혼의 무게 중심추' 역할을 한다.

대만에서 가장 높은 빌딩은 타이페이 101빌딩으로 509미터이다. 지진이 많은 대만에서 이처럼 높은 빌딩이 건재할 수 있는 비밀은 윈드댐퍼(Wind Damper, 정식 이름은 Tuned Mass Damper)에 있다. 윈드댐퍼는 92층에서 87층 사이에 강력한 외이어 로프에 걸려있는데, 직경이 5.5미터, 무게가 660톤이다. 왜 이처럼 무거운 쇳덩어리를 빌딩에 달아 놓았을까? 그 이유는 지진이나 강풍으로 빌딩이 흔들릴 때 중심을 잃고 무너지지 않게 중심추 역할을 하기 때문이다. 실제로 6.3의 강진이 있었을 때 댐퍼가 좌우로 15센티미터 움직여 중심을 잡아준 일이 있다. 윈드댐퍼가 없다면 101빌딩은 견고하게 설 수가 없다.

브니엘 체험은 영적 의미로 윈드댐퍼와 같은 것이다. 단 한 번이지만 강력하고 확실한 하나님 체험, 브니엘 체험이 분명하면 인생에 지진이 일고 강풍이 몰려와도 중심을 잡고 설 수 있다. 흔들리며 피지 않는 꽃이 어디에 있겠는가. 모든 인생은 넘어지고 흔들리며 다시 일어선다. 중요한 것은 인생 중심에 윈드댐퍼 같은 브니엘 체험이 있느냐 없느냐의 문제이다. 야곱은 험악한 세월 130년을 살아가며 순간순간 다가오는 위기와 고난을 브니엘 체험의 힘으로 이겨 나갔다. 넘어지고 깨어질지라도 브니엘의 하나님을 기억하며 다시 일어날 수 있었다. 브니엘 체험의 영적 의미가 바로 여기에 있다.

**브니엘 체험의
내연과 외연**

연세대학교 신과대학 민경배 교수는 한국 교회사를 이해하는 중요한 이론으로 "내연(內燃)하는 것은 외연(外延)한다"고 본다. 성도의 마음 안에서 활활 불타오르는 뜨거운 신앙 열정은 밖으로 분출되어 뻗어 나간다는 것이다. 3.1운동에 많은 기독교인이 참여 한 동인도 하나님을 사랑한 뜨거운 신앙의 내적 불타오름이 나라 사랑으로 외연되어 표출된 것이다. 내연, 안에서 불타오르는 것이 뜨거울수록 밖으로 표출되는 외연은 더 넓어진다.

　신앙의 방향성에 크게 두 가지가 있다. 하나는 위에서 아래로 혹은 아래에서 위로 나가는 방향이다. 다른 하나는 안에서 밖으로 혹은 밖에서 안으로 움직이는 역동성이다. 전자가 수직적이라면 후자는 수평적인 구조다. 야곱의 얍복강 기도는 이 두 가지 방향성과 역동성이 동시적으로 있다. 야곱은 땅에서 하늘의 하나님께 기도드렸다. 야곱이 하나님을 하늘의 하나님으로 체험한 것은 창세기 28장에서 나타난다. 야곱은 에서를 피해 하란 외갓집으로 도망하던 중에 루스에서 돌베개를 베고 자다가 하늘사다리 꿈을 꾸었다.

> 야곱이 브엘세바에서 떠나 하란으로 향하여 가더니 한 곳에 이르러는 해가 진지라 거기서 유숙하려고 그 곳의 한 돌을 가져다가 베개로 삼고 거기 누워 자더니 꿈에 본즉 사닥다리가 땅 위에 서 있는데 그 꼭대기가 하늘에 닿았고 또 본즉 하나님의 사자들이 그 위에서 오르락내리락 하고… 야곱이 잠이 깨어 이르되 여호와께서 과연 여기 계시거늘 내가 알지 못하였도다 이에 두려워하여 이르되 두렵도다 이곳이여 이것은 다름 아닌 하나님의 집이요 이는 하늘의 문이로다 하고 야곱이 아침에 일찍

이 일어나 베개로 삼았던 돌을 가져다가 기둥으로 세우고 그 위에 기름을 붓고 그곳 이름을 벧엘이라 하였더라 이 성의 옛 이름은 루스더라(창 28:10-19)

야곱은 루스에서 하늘사다리를 보고 하나님의 특별한 계시를 받는다. 야곱이 본 하늘사다리는 땅에 서 있고 그 꼭대기는 하늘에 닿았다. 야곱은 땅바닥에 누워서 하늘사다리를 통해 오르내리는 천사들을 보며 하나님의 약속과 계시를 받는다. 이 사건을 통해 야곱 자신은 땅의 존재이며 하나님은 하늘에 계신 초월적 존재임을 분명히 알게 된다. 인간이 자기가 땅의 존재이고 하나님은 하늘에 계신 존재임을 아는 것은 얼마나 위대한 일인가. 많은 사람이 이것을 알지 못하기에 천지(天地)를 분별하지 못하고 자기 맘대로 살아간다. 하늘에 하나님이 계심을 알지 못하고 사는 사람들이 바보, 천치(天痴)가 아니겠는가.

야곱의 하늘사다리 꿈은 후대에 렉시오 디비나(Lectio Divina)의 모형이 된다. 땅에 있는 인간이 하늘 하나님을 볼 수 있는 가장 좋은 방법이 바로 하늘사다리이다. 영적 존재인 천사들은 사다리가 없어도 하늘과 땅을 마음대로 오르내릴 수 있지만, 몸을 가진 인간은 사다리 없이는 하늘로 올라갈 수 없다. 12세기 렉시오 디비나의 전형전인 모델을 만든 귀고 2세(Guigo II)는 하늘사다리를 성경 읽기(lectio), 묵상(meditatio), 기도(oratio), 관상(contemplatio)의 네 과정으로 이해한다. 창세기 28장의 하늘사다리 꿈은 위에서 아래로, 땅에서 하늘로의 수직적 구조를 갖는다.

파르네세 궁전에 있는 야곱의 사다리.
로버트 크리샨

인간이 땅에서 하늘 하나님께 부르짖어 기도하면 기도가 상
달되고, 하나님은 하늘에서 땅의 인간에게 응답하신다.[105] 사도
행전 10장은 고넬료의 기도와 구제가 하나님 앞에 상달되어 기
억하신 바가 되었고, 베드로를 통해 말씀과 성령이 강림하셨다.

반면 얍복강 기도는 밖에서 안으로, 안에서 밖으로의 방향성
을 갖는다. 야곱은 형에 대한 극심한 공포심 때문에 하나님께 기
도하며 나간다. 외적 환경에서 오는 두려움 때문에 기도하는 것

---

105 "여호와여 내 기도를 들으시고 나의 부르짖음을 주께 상달하게 하소서 나의 괴로
운 날에 주의 얼굴을 내게서 숨기지 마소서 주의 귀를 내게 기울이사 내가 부르
짖는 날에 속히 내게 응답하소서"(시 102:1-2).

야곱의 기도

이다. 그런 야곱을 하나님은 영혼 속에서 브니엘로 만나 주셨다. 야곱은 영혼 깊은 곳에 내주하시는 하나님, 임마누엘의 하나님을 경험하였다. 야곱의 브니엘 체험은 야곱 일생에서 가장 강력한 하나님의 임재 체험이다. 영이신 하나님이 몸을 가진 인간을 영혼 깊은 곳에서 만나 주실 때, 진짜 만남이 이루어진다. 바울의 탁월한 인간 이해는 인간이란 영혼육(靈魂肉)의 존재라는 것이다.

> 평강의 하나님이 친히 너희를 온전히 거룩하게 하시고 또 너희의 온 영과 혼과 몸이 우리 주 예수 그리스도께서 강림하실 때에 흠 없게 보전되기를 원하노라(살전 5:23)

로렌스 형제는 종종 하나님의 사랑과 임재가 자기 영혼에서 강력하게 불타오르는 경험을 하였다. 그 거룩한 불꽃이 얼마나 강렬했는지 내면의 화염이 밖으로 표출되기도 하였다. 하나님의 사랑의 열기로 로렌스는 종종 자기 의도와 상관없이 얼굴이 벌겋게 달아 어찌할 바를 몰랐다. 그러나 혼자 있을 때는 그 불꽃이 자기 영혼 속에서 활활 불타오르게 하였다. 로렌스는 이렇게 고백한다.

"오 주님, 제 영혼의 여러 가지 기능을 더욱 크게 확장시키고
활짝 열어젖혀서 당신의 사랑을 담는 공간을 더욱 많이 확보할

수 있게 하소서. 또한 당신의 전능하신 힘으로 저를 지탱해 주
소서. 그렇지 않으면, 제가 당신께서 허락하시는 거룩한 사랑
의 불꽃에 모두 타버리고 말 것이기 때문입니다."[106]

야곱의 브니엘 체험은 마치, 대제사장이 일 년에 한 번 지성
소에서 하나님을 뵙는 것처럼 인간의 지성소인 영에서 하나님
을 만나 뵙는 것이다. 아니, 하나님이 우리를 만나 주시는 것이
다. 박인용은《지성소 기도》에서 법궤가 있는 지성소 기도를 하
나님과 한 몸 되는 기도, 즉 완전한 데 이르는 기도라 한다.[107]
안에서 뜨겁게 불타오르는 열기는 당연히 밖으로 퍼져나간
다. 야곱은 브니엘, 하나님의 얼굴을 뵙는 뜨거운 신비체험을 하
자, 불안했던 감정이 사라졌다. 어두움과 두려움이 사라지고 상
한 감정과 쓴 뿌리가 치유되었다. 하나님의 은혜를 깊이 경험하
면 쓴 뿌리는 완전히 치유되었다.[108] 야곱도 상한 감정이 치유되
자 에서와의 갈등도 치유된다. 그렇게 무섭던 형의 얼굴에서 자
비로운 하나님의 얼굴을 본다. 야곱의 브니엘 체험은 안에서 밖
으로 흘러가는 영적인 흐름이 있다.

---

106 《하나님의 임재연습》, 164p.
107 박인용,《지성소기도》(서울: 두란노, 2013), 108p.
108 "너희는 하나님의 은혜에 이르지 못하는 자가 없도록 하고 또 쓴 뿌리가 나서 괴
    롭게 하여 많은 사람이 이로 말미암아 더럽게 되지 않게 하며 음행하는 자와 혹
    한 그릇 음식을 위하여 장자의 명분을 판 에서와 같이 망령된 자가 없도록 살피
    라"(히 12:15-16).

내연과 외연의 관계는 단지 개인 차원뿐 아니라 사회, 문화, 역사 전반에도 영향을 미친다. 기독교 역사를 보면 진정으로 하나님의 영광을 본 사람들은 사회변혁에 커다란 영향을 미쳤다. 유은호는《에바그리우스의 기도론 연구》에서 사막교부 에바그리우스(Evagrius, 345-399)의 기도가 기독교 최초의 관상기도라 한다. 에바그리우스가 기도를 설명하며 사용한 단어가 '프로슈케'(προσευχή)인데 이 단어는 간청과 서원을 넘어 중보기도의 의미를 담고 있다.[109] 즉 진정한 관상기도는 단순히 하나님과 나의 합일을 추구하는 신비체험에만 머물지 않고, 이웃을 돕는 중보기도의 성격을 갖는다. 참된 관상기도는 먼저 나와 하나님과의 만남이며 나아가 이웃과의 만남과 실천적 활동으로 표출된다. 진정한 신비는 단지 자기 개인의 영적인 만족에 머물지 않고, 하나님의 뜻과 나라가 이 땅에서 이루어지도록 밖으로 표출된다.

야곱의 브니엘 체험 이후 형 에서와 20년간의 갈등이 해결되었다. 납덩이처럼 무거웠던 죄책감과 감정의 상처가 치유되었다. 그것은 동시에 야곱의 가정에 웃음꽃과 화평을 가져다주었

---

109 유은호,《에바그리우스의 기도론 연구》(서울: 예수영성, 2019), 283-284p. 에바그리우스는 성 안토니와 같은 대표적인 사막교부이다. 에바그리우스는 이집트 사막 니트리아와 켈리아에서 약 16년간 수도사로 기도하며 저술 활동을 하였다. 그의 대표적인 저술은《기도론(De Oratione)》과《프락티코스(Praktikos)》이다.《프락티코스》의 내용 중에 '8가지 악한 사상'은 후에 제자 카시아누스에 의해 서방교회에 알려지고 그레고리우스에 의해 소위 '죽음에 이르는 7가지 죄(7대죄, seven capital sins)'가 만들어진다.

다. 가장이 고통당하면 가정은 어두울 수밖에 없다. 그러나 가장이 행복하게 웃으면, 온 가족도 더불어 행복해진다. 나아가 야곱은 브니엘 체험과 함께 이스라엘이란 새 이름과 사명을 부여받고 그의 열두 아들이 이스라엘의 12지파가 된다. 하나님은 야곱의 열두 아들을 통해서 이 땅에 하나님 나라를 세워 가셨다. 야곱 한 사람의 브니엘 체험은 가정과 세계와 역사 속으로 외연되어 이스라엘과 하나님 나라를 세워 나가고 있다.

브니엘이 답이다

기도는 정말 응답되는가. 하나님은 정말 우리 기도에 응답해 주시는가. 기도 응답에 대한 체험이 분명하다면 우리의 신앙과 인생은 분명히 달라질 것이다. 교회도 목회도 선교도 새로워질 것이다. 그러나 적지 않은 그리스도인들이 기도 응답에 대한 확신이 없이 습관적으로 그냥 기도할 때가 있다. 이전에 기도 응답 체험이 있더라도 흘러가는 세월 속에서 체험과 감동이 색바랜 흑백사진처럼 희미해지기도 한다.

우리 기도의 응답과 체험이 야곱처럼 강렬하지 못한 이유가 있다. 첫째, 야곱의 얍복강 기도는 그야말로 아주 특별한 기도이다. 누구나 아무나 야곱과 같은 특별한 기도를 할 수는 없다. 둘째, 야곱은 천사와 씨름하며 죽기 살기로 기도하였다.[110] 우리가 야곱처럼 죽기 살기로 기도한 것이 몇 번이나 있었던가. 셋째, 야곱의 기도는 하룻밤에 이루어진 것이다. 시간 적으로 아주 짧은 시간에 기도 응답과 자기 발견과 하나님의 부르심과 하나님의 얼굴을 뵙는 브니엘이 이루어졌다. 짧은 시간이었던 만큼 그 농도가 아주 강렬하다. 그러나 우리는 기도의 역동성을 한평생에 걸쳐 간간이 경험한다. 기도 응답의 간격이 길다. 그러기에 느껴지는 농도가 옅을 수밖에 없다. 따라서 조급해하지 말고 긴 호흡으로 쉬지 말고 계속 기도해야 한다.

주님은 에베소교회를 향해 '너의 처음 사랑을 버렸느니라' 책망하신다. 누구나 다 첫사랑은 강렬하고 뜨겁지만, 그 사랑의 불꽃을 지속하기란 쉽지 않다. 쉬지 말고 더욱더 기도에 정진해야 한다. 십년 전의 기도 응답이 아니라, 오늘 받은 기도 응답이 있어야 한다. 날마다 기도 응답을 받지 못하더라도, 아니 한 달에 한번을 받지 못하더라도, 일 년에 한두 번만이라도 기도 응답이 분명하다면 기도할 맛이 나지 않겠는가.

기도는 하나님이 자신의 거룩한 이름을 걸고 우리에게 권고하신 거룩한 약속이다. 성경에 기도에 대한 약속이 얼마나 많은가.

---

110 호세아 12장 4절은 야곱이 "천사와 겨루어 이기고 울며 그에게 간구하여" 응답받았다고 한다. 한마디로 죽기 살기로 기도한 것이다.

일을 행하시는 여호와, 그것을 만들며 성취하시는 여호와, 그의 이름을 여호와라 하는 이가 이와 같이 이르시도다 너는 내게 부르짖으라 내가 네게 응답하겠고 네가 알지 못하는 크고 은밀한 일을 네게 보이리라(렘 33:2-3)

구하라 그리하면 너희에게 주실 것이요 찾으라 그리하면 찾아낼 것이요 문을 두드리라 그리하면 너희에게 열릴 것이니 구하는 이마다 받을 것이요 찾는 이는 찾아낼 것이요 두드리는 이에게는 열릴 것이니라(마 7:7-8)

믿음이 없이는 하나님을 기쁘시게 하지 못하나니 하나님께 나아가는 자는 반드시 그가 계신 것과 또한 그가 자기를 찾는 자들에게 상 주시는 이심을 믿어야 할지니라(히 11:6)

성경에는 하나님께 기도드리고 응답받은 간증들이 넘쳐난다. 아브라함, 야곱, 모세, 여호수아, 한나, 사무엘, 다윗, 히스기야, 이사야, 다니엘, 야베스, 베드로, 바울 등, 그 이름을 다 열거할 수 없다. 우리도 많든 적든 분명한 기도 응답의 체험이 있지 않은가. 그런데 지금 기도의 열기와 열망은 어떤가.

기도에 대해 생각을 가다듬고 기도의 한계를 뛰어넘는 은총을 갈망하자. 하나님을 믿고 구원의 확신과 천국 소망은 분명한데, 종종 이 땅에서 영적으로 무기력한 삶을 사는 것은 기도의 무능력 때문이 아니겠는가. 가끔 우리 마음속에서 '나는 아무리 기도해도 안 돼', '하나님이 내 기도는 안 들어주시나 봐', '기도는 정말 힘들어', '기도는 아무나 하는 게 아닌가 봐', '바빠 죽겠는데 기도는 무슨 기도야', '기도가 밥 먹여 주나' 같은 수많은 부정적인 생각과 회의가 꿈틀거린다. 그럼에도 불구하고 성경은 우리에게 쉬지 말고 기도하라 권면한다. 지금도 우리 주변에 기도 응답의 간증들이 무수히 많다. 그런데 왜 나만 기도의 외톨이가 되었나. 어떻게 하면 기도의 무기력증을 뛰어넘을 수 있을까.

다시 한번 성경으로 돌아가자. 야곱의 얍복강 기도를 깊이 묵상하며 야곱처럼 씨름하듯 기도하면, 하나님이 반드시 기도에 응답하실 것이다. 기도는 단순한 생각이 아니라 몸으로 하는 것이다. 공부는 머리로 하지만 훈련은 몸으로 하는 것이다. 진짜 기도하려면 시간을 내야 하고, 몸을 드려야 되고, 때로 눈물과 몸부림도 필요하다. 예수님도 겟세마네에서 기도하실 때, 땀방울이 핏방울같이 되도록 간절히 기도하셨다. 똑같은 기도를 세 번이나 하셨다.

그곳에 이르러 그들에게 이르시되 유혹에 빠지지 않게 기도하라 하시고 그들을 떠나 돌 던질 만큼 가서 무릎을 꿇고 기도하여 이르시되 아버지여 만일 아버지의 뜻이거든 이 잔을 내게서 옮기시옵소서 그러나 내 원대로 마시옵고 아버지의 원대로 되기를 원하나이다 하시니 천사가 하늘로부터 예수께 나타나 힘을 더하더라 예수께서 힘쓰고 애써 더욱 간절히 기도하시니 땀이 땅에 떨어지는 핏방울 같이 되더라(눅 22:40-44)

이 세상에 공짜 점심은 없다. 물론 구원은 하나님의 절대 은 총이고 기도도 하나님의 은총이지만, 인간의 처지에선 믿음으로 몸부림치며 기도하는 것은 우리의 몫이다. 마치 세리처럼 감히 눈을 들어 하늘을 쳐다보지도 못하고 다만 가슴을 치며 "하나님이여 불쌍히 여기소서 나는 죄인이로소이다"(눅 18:13) 하고 하나님의 은총을 구하는 것은 바로 내 몫이다. 야곱도 울며 몸부림치며 기도했고, 히스기야도 얼굴을 벽으로 향하고 심히 통곡하며 눈물로 기도하였다(사 38:2-6).

감사한 것은 야곱이란 걸출한 믿음의 선배가 얍복강 기도를 통해 우리에게 '기도란 무엇인가? 기도는 어떻게 해야 하는가? 기도의 의미는 무엇인가?'를 가르쳐 준 것이다. 야곱의 얍복강 기도엔 '기도의 네 가지 의미'가 보물처럼 담겨 있다. 기도는 왜 하는가? 응답받기 위해 기도한다. 기도하면 '자아의 자각'이 일어나며 자기 정체성을 알게 된다. 그리고 하나님이 내게 주시는 소명과 사명을 깨닫게 된다. 마침내 브니엘! 하나님의 얼굴을 뵙는 은총을 누린다. 야곱의 하나님은 지금도 동일하게 살아 계신다. 우리는 아브라함의 하나님, 이삭의 하나님, 야곱의 하나님, 살아 계신 하나님을 믿는다. 예수님은 이렇게 말씀하셨다.

나는 아브라함의 하나님이요 이삭의 하나님이요 야곱의 하나님 이로라 하신 것을 읽어 보지 못하였느냐 하나님은 죽은 자의 하나님이 아니요 살아 있는 자의 하나님이시니라 하시니(마 22:32)

야곱의 기도

다시 한 번 하나님의 말씀인 성경을 부여잡고 하나님의 얼굴을 사모하며 야곱처럼 기도의 자리로 나아가자. 벧엘에서 야곱을 만나 주셨던 하나님은 20년의 세월이 흐른 후, 야곱을 얍복강으로 다시 한번 불러내셨다. 하나님은 벧엘에서 '하늘사다리'를 보여 주셨고, 얍복강에서는 친히 '하나님의 얼굴'을 보여 주셨다. 하나님은 브니엘 체험을 통해, 야곱을 해가 지는 어둔 밤에서 해가 돋는 새 아침으로 인도하셨다.

야곱이 브엘세바에서 떠나 하란으로 향하여 가더니 한 곳에 이르러는 해가 진지라…(창 28:10-11)
그가 브니엘을 지날 때에 해가 돋았고 그의 허벅다리로 말미암아 절었더라(창 32:31)

야곱은 비록 다리는 절더라도 브니엘 체험 이후 찬란하게 떠오르는 아침 햇살을 맞으며, 형 에서를 만나러 담대히 나아갔다. 그 담대한 걸음과 소망의 걸음이 바로 기도와 브니엘에서 시작된 것이다. 하나님은 지금도 우리가 기도의 자리로 나아오길 기다리고 계신다. 하나님은 얍복강 기도의 자리에서 야곱을 만나 주신 것처럼, 우리를 기도의 자리에서 만나 주시려 기다리신다. 기도가 답이다. 브니엘이 답이다.

참고도서

국내도서

강희안, 《양화소록》(서울: 아카넷, 2012).

곽선희, 《그리스도의 침묵》(서울: 계몽문화사, 2013).

권혁일 편저, 《영혼의 친구》(서울: 키아츠).

김민주, 《경제 법칙 101》(고양: 위즈덤하우스, 2011).

김서택, 《고난이 가져온 축복》(서울: 생명의말씀사, 2009).

김세권, 《삶을 흔드는 창세기 읽기》(서울: 크리쿰북스, 2017).

김세윤, 《주기도문 강해》(서울: 두란노, 2000).

김영 외, 《청지기 성경사전》(서울: 청지기, 1995).

목회와 신학 편집부, 《욥기 어떻게 설교할 것인가》(서울: 두란노 아카데미, 2010).

박인용, 《지성소 기도》(서울: 두란노, 2013).

이경용, 《감정 치유 기도》(서울: 두란노, 2017).

이경용, 《말씀 묵상 기도》(서울: 예수전도단, 2018).

이경용, 《칼빈과 이냐시오의 영성》(서울: 대한기독교서회, 2010).

이선옥, 《사군자》(파주: 돌베개, 2011).

이어령, 이동환, 《한중일 문화코드 읽기, 매화》(서울: 종이나라, 2006).

이황, 김기현·안도현 편, 《열흘 가는 꽃이 없다고 말하지 말라》(서울: 휴먼앤북스, 2012).

유은호, 《에바그리우스의 기도론 연구》(서울: 예수영성, 2019).

장재구, 《낙원을 그린 화가 고갱》(서울: 한국일보 문화사업단, 2013).

최인호, 《유림 6》(서울: 열림원, 2016).

홍일권, 《5만 번 응답받은 뮬러의 기도비밀》(서울: 생명의말씀사, 2017).

번역서

앤 울라노프, 배리 울라노프, 박성규 역, 《기도의 심리학》(서울: 은성, 2002).

C.S. 루이스, 장경철·이종태 역, 《순전한 기독교》(서울: 홍성사, 2015).

까를로 까레또, 김형민 역, 《주여 왜》(서울: 생활성서사, 1989).

더치 쉬츠, 이승희 역, 《하나님의 타이밍을 포착하라》(서울: 토기장이, 2015).

레오나르도 보프, 이정희 역, 《주의 기도》(서울: 한국신학연구소, 1989).

로렌스 형제, 임종원 역, 《하나님의 임재연습》(서울: 브니엘, 2012).

롤란드 베인턴, 박종숙 역, 《에라스무스》(서울: 현대지성사, 1998).

리처드 포스터, 편집부 역, 《영적 훈련과 성장》(서울: 생명의말씀사, 1996).

머린 스타인, 김창환 역, 《융의 영혼의 지도》(서울: 문예출판사, 2019).

맥스 루케이도, 최종훈 역, 《일상의 치유》(서울: 청림출판, 2008).

베네딕타 와드, 《사막교부들의 금언》(서울: 은성, 1995).

솔로몬 B, 프리호프, 변순복 역, 《유대인이 자녀들에게 가르치는 기도》(서울: 누가, 2016).

아벨라 테레사, 최민순 역, 《영혼의 성》(서울: 바오로딸, 2001).

성 어거스틴, 오병학·임금선 역, 《참회록》(서울: 예찬사, 2006).

우찌무라 간조, 양혜원 역, 《우찌무라 간조 회심기》(서울: 홍성사, 2023).

오스 기니스, 홍병룡 역, 《소명》(서울: IVP, 2001).

제임스 패커, 정옥배 역, 《제임스 패커의 기도》(서울: IVP, 2008).

제임스 휴스턴, 김진우·신현기 역, 《기도: 하나님과의 우정》(서울: IVP, 2003).

조던 오먼, 이홍근 역, 《영성신학》(서울: 분도출판사, 2002).

조이 도우슨, 방원선 역, 《하나님의 음성을 듣는 삶》(고양: 예수전도단, 2012).

조지 뮐러, 김진우 역, 《주님과 조지 뮬러의 동행 일지》(서울: 생명의말씀사, 2009).

조지 뮐러, 유재덕 역, 《5만 번 응답받은 조지 뮬러의 기도》(서울: 브니엘, 2018).

존 프레스톤, 나다니엘 빈센트, 사무엘 리, 이광식 역, 《기도의 영성》(서울: 지평서원, 2010).

패트릭 카바노프, 차동재 역, 《위대한 음악가들의 영적 생활》(서울: 생명의말씀사, 2001).

피터 크레이기, 손석태 역, 《WBC 주석시리즈 19-시편(1~50)》(서울: 솔로몬출판사, 2000)

필립 얀시, 최종훈 역, 《기도》(서울: 청림출판, 2007).

토드 로즈, 정미나 역, 《평균의 종말》(서울: 21세기북스, 2018).

토마스 머튼, 정진석 역, 《칠층산》(서울: 바오로딸, 2005).

헨리 나우웬, 신현복 역, 《사막의 영성》(서울: 아침영성지도원, 2003).

헬렌 켈러, 이창식·박에스더 역, 《사흘만 볼 수 있다면》(서울: 산해, 2008).

기타

〈교회와 신학〉, 제XXIII집(서울: 장신대출판부, 1991), 96,

　　　"예수의 '은혜의 해'(희년) 선포"-김지철.

〈목회와 신학〉, 2007년 9월호, 186-191.

〈복음과 상황〉, 293호(2015년 3월),

　　　"특별기획: 김교신 서거 70주년, 한국 교회사에 남겨진 김교신의 자취".

조선일보, 2008.11.04., "[아침논단] IQ 세계 1위의 자신감을 잃지 말자"-황태연.

한국경제, 2009. 03. 13., "[인문학 산책] 에라스무스의 세계관,

　　　'위기의 시대…아드 폰테스 정신이 필요하다'"-배철현.

한국기독공보, 제2615호.

IsraelBiblicalStudies.com, Yakov Rosenberg.